量化交易实验教程

唐登林　董耀武／主　编

段登辉　马新松
华　勇　胡若曦／副主编

西南财经大学出版社

中国·成都

图书在版编目(CIP)数据

量化交易实验教程/唐登林,董耀武主编;段登辉等副主编.—成都:西南财经大学出版社,2022.8
ISBN 978-7-5504-5437-8

Ⅰ.①量… Ⅱ.①唐…②董…③段… Ⅲ.①证券投资 Ⅳ.①F830.93

中国版本图书馆 CIP 数据核字(2022)第 125835 号

量化交易实验教程

LIANGHUA JIAOYI SHIYAN JIAOCHENG

唐登林 董耀武 主编
段登辉 马新松 华 勇 胡若曦 副主编

策划编辑:高小田
责任编辑:高小田
责任校对:雷 静
封面设计:墨创文化
责任印制:朱曼丽

出版发行	西南财经大学出版社(四川省成都市光华村街 55 号)
网 址	http://cbs.swufe.edu.cn
电子邮件	bookcj@swufe.edu.cn
邮政编码	610074
电 话	028-87353785
照 排	四川胜翔数码印务设计有限公司
印 刷	郫县犀浦印刷厂
成品尺寸	185mm×260mm
印 张	15
字 数	266 千字
版 次	2022 年 8 月第 1 版
印 次	2022 年 8 月第 1 次印刷
书 号	ISBN 978-7-5504-5437-8
定 价	49.80 元

前言

QIANYAN

量化投资是将数学、计算机及通信技术与经济金融紧密结合而产生的一门新兴学科，是现代金融投资领域发展的重要方向。金融是国民经济流动的血液，对于实体经济的发展至关重要。因此培养高质量的金融投资人才首先应以德为先。本书的编写始终以习近平新时代中国特色社会主义思想为指导，以全面贯彻"党的领导"为编写标准，力图培养能为中华民族伟大复兴而奋斗的金融投资人才。本书共分为六个实验项目。项目一为初识量化交易与Python基本语法实验，主要包括量化投资原理、Python编程基础和量化投资策略基础，为后面项目的学习奠定知识基础。项目二为同花顺、聚宽平台实验，分别讲解同花顺量化交易平台与聚宽量化交易平台的主要使用方法。项目三为聚宽量化平台重要功能模块实验，主要讲解平台提供的API函数的调用方法、平台数据库的使用方法和网络数据的获取方法。项目四为股票实验，该部分主要以具体的股票量化策略为核心，通过具体的策略操作实验来实现股票策略的学习。项目五为期货实验，该项目通过具体期货交易策略的实验，学习掌握期货交易策略编写的基本方法。项目六为因子实验，该部分为本书的重点难点部分，学生通过该项的实验，学习怎样调用平台内建因子以及自建因子进行策略编写。本书采用聚宽量化平台作为本书案例分析的交易平台和策略开发平台，重点讨论量化投资策略在聚宽量化平台中的应用。由于各种支持Python语言编程的量化投资平台的基本原理是一致的，因此以该平台为案例讨论的Python量化投资策略的基本原理和方法同样适用于其他交易平台。但每一种交易平台又具有自己的特点，特别是读取数据和下达交易指令方面在其他平台可能并不适用。本书作为贵州省教育厅教改项目：金融投资虚拟仿真系统在地方商科院校专业实训教学中的应用研究——以贵州商学院为例（2020SJJG20156）；贵州商学院、经济与金融学院“投资学一流专业建设”项目的重要成果得到相关单位的大力支持，在此表示感谢。

编者

2022 年 8 月

目录

CONTENTS

项目一　初识量化交易与 Python 基本语法实验 …… 001
实验一　初识量化交易 …… 002
实验二　Python 数据类型 …… 008
实验三　Python 循环与条件判断 …… 012
实验四　Python 函数 …… 019
项目二　同花顺、聚宽平台实验 …… 031
实验一　同花顺系统使用 …… 032
实验二　聚宽量化交易平台操作 …… 041
项目三　聚宽量化平台重要功能模块实验 …… 057
实验一　读取 context 中的数据及运用 …… 058
实验二　Query 的简单教程 …… 063
实验三　新闻信息获取 …… 073
项目四　股票实验 …… 079
实验一　股票历史价格的获取 …… 080
实验二　低估价值选股策略 …… 088
实验三　双均线策略 …… 094
实验四　MACD 交易策略 …… 099
实验五　直接导入 MA 指标因子策略 …… 103
实验六　涨跌比例策略 …… 108
实验七　银行股轮动策略 …… 113

项目五 期货实验 …… 117
实验一 Dual_Thrust 策略——股指期货 …… 118
实验二 热卷期货惯性交易策略实验 …… 124
实验三 螺纹钢与热卷套利交易 …… 130
项目六 因子实验 …… 139
实验一 原始因子数据处理 …… 140
实验二 去极值 …… 148
实验三 标准化 …… 155
实验四 中性化 …… 161
实验五 收益分析 …… 169
实验六 IC 分析 …… 179
实验七 换手率分析 …… 187
实验八 单因子策略 …… 196
实验九 “小商品城”股票因子策略 …… 203
实验十 多因子策略 Fama-French 三因子 …… 212

项目一

初识量化交易与 Python 基本语法实验

实验一 初识量化交易

一、实验目标与要求

1. 了解量化投资的基本概念及使用误区。
2. 理解简单量化交易的实现思想。
3. 能使用计算机与数学建模的思想进行简单策略的构建。

二、实验相关知识

（一）量化投资基本介绍

简单来讲，量化投资就是依靠数量化的手段去实现投资逻辑和策略；换言之，量化投资需要采用一定的数理模型对投资策略以及投资逻辑进行量化，进而通过计算机技术等现代科技手段来实现投资过程。

量化投资主要研究如何模拟交易策略，它具有很高的可塑性，可以充分发挥投资者的主观能动性，无论是私人投资者还是机构投资者。但是，与简单的交易相比，量化投资需要一定的编程基础和对象基础知识，量化投资前的投资策略和方案设计需要独立完成，软件无法判断，交易策略是否正确并不能预测盈亏规模。与传统的定性投资方法不同，量化投资不依赖个人资产管理感受，而是将相关的投资理念、投资经验甚至直觉反映在定量模型中，帮助大脑处理大量信息，帮助投资者总结市场规律，制定投资策略（经验），可多次重复利用和优化，指导投资决策过程。

由此可见，量化投资只是一种工具，我们的投资理念可以通过量化工具来实现。我们关心的不仅仅是投资理念本身的失败，而是所使用的量化工具，即所使用的量化工具在某一特定情况下是否成功。

（二）量化投资理解误区

1. 非基本面投资的对立

投资的量化指标并不是基本面投资的对手。量化投资模型以基本面因素为基础，考虑市场因素、技术因素等。因此，量化投资不是技术分析，而是深入了解市场规律的投资理念和投资模式。

量化投资是一种积极的投资策略，积极投资的理论基础使市场不有效也不疲软。基金经理可以分析和研究股票、行业和市场的决定因素，创造最好的投资组合，并试图征服市场，以获得超额回报。与国外成熟市场相比，我国的市场发展相对较晚，投资理念也不够成熟，因此为积极投资预留了更大的市场利用机会和空间。基于正确的投资理念的积极投资量化策略，通过对各种因素的分析，扫描投资机会在中国市场的应用将显示其在市场广度和多维度上的优势。

许多投资者错误地将量化基金理解为依赖于量化模型作为投资活动的基础，此外，当非单向市场变化迅速时，量化模型不能完全满足新的数据。因此，有经验的基金经理和投资团队仍需要基本面分析来理解一些更大的发展趋势，计算机模型的作用是为了减少基金经理的工作量和避免错误。

量化投资不仅可以与质量理念（投资理念）相结合，而且可以与量化投资模式相结合，结合基金经理的个人判断，使基金的投资更加完善，基金经理可以更多地关注改变市场趋势、扭转市场、改变市场结构和市场中的“黑天鹅”，并在定量模型中加入更多有用的新信息，以更好地服务于投资决策。

2. 主动投资而不是被动投资

很多人认为，量化投资是按照预先设计好的模型被动进行的，所以是被动投资，就像指数投资一样。但恰恰相反，量化投资是一种主动性投资，与量化和指数化的理论基础完全不同。指数化等被动投资的理论基础被市场认为是完全有效的，任何击败市场的企图都是徒劳的。因此，我们只需要被动地复制指数，就可以获得与市场相同的收入水平。

3. 量化投资并不神秘，只是一种工具

量化投资不是秘密宝典，而是一个用于实战的秘籍。量化投资并不总是建立在固定的投资模型上，也不是所有的问题都可以通过模型来解决，更不可能通过一个量化模型就能够应付任何市场情况。量化投资模型只是一种工具,量化投资的成功与否取决于投资者是否真的拥有量化投资的本质能力。

量化模型也是多样化的,有选股模型、行业配置模型、时间选择模型、交易模型和风险管理模型、资产配置模型、对冲模型等。量化投资模型只是一种工具、方法和手段,用以实现成熟有效的投资理念的不断调整,并根据投资理念和市场状况的变化进行改进和优化。同时,建立量化投资模型是一个动态过程,必须不断跟踪验证、优化和确认。量化投资是一个不断改进的过程。

4. 捕获概率

量化投资策略的本质是寻找更多赢的机会,所以量化投资必然会遵循市场规律,努力找出各种因素与股票未来收益之间的关系,并寻求一个更成功的,即可能的成功规律。

为了以较大的概率获得更高的回报,投资量化模型应侧重于对未来资产收益前景的评估和划分,主要包括:对个股、行业等的看法。未来资产收益可分为绝对收益和相对收益(或"alpha")。

对于一般基金,对后者即"alpha"的估计和预测可能更有必要,量化模型主要是寻找最优的"alpha"模型。

在确定投资范围后,投资量化策略要特别考虑具体的交易和风险管理策略。更好的交易策略可以最大限度地减少交易成本(包括佣金、税金和冲击成本),这通常会影响工作效率。经营战略的重点是降低成本。假设基金购买成本为 10%的股票,但预期收益率不能达到这个水平,那么这样的投资策略和方法可能是不可行的,尽管预测未来资产收益的模型是好的。量化投资需要综合考虑资产识别(选股、行业配置、资产配置等),交易时机,风险控制等因素,以寻找最有可能获得最大回报的投资组合。

三、实验案例

初识量化投资策略(构建一个量化交易策略)。

(一)从一个灵感开始转换为一个量化策略

灵感就是指那些你想验证的可能会盈利的方法,比如银行股可能是良好的投资品种,特别是高现金分红的银行,再比如股价一旦突破重要的支撑与阻挡位后,其价格将保持突破方向上涨一段时间等。而灵感获取的方式可以是阅读、听人说、自己悟等。

这里以一个简单的情况为例进行讲解，比如你的灵感是这样的：

如果股价显著低于近几日的平均价，则买入；

如果股价显著高于近几日的平均价，则卖出。

现在，你想知道这样操作究竟会不会赚钱？

（二）把灵感细化成明确的可执行的交易策略

一般灵感都很模糊，需要将其细化成明确的可执行的策略，目的是能得到确定的结果，以及为后续程序化做准备。

继续讲开始的案例灵感细化：

如果股价显著低于近几日的平均价，则买入；

如果股价显著高于近几日的平均价，则卖出。

显然它是不够明确的。比如多低叫显著低于？多高叫显著高于？近几日究竟是几日？买入卖出是买卖多少？我们把它细化：

如果股价低于近 20 日平均价 10%，则用全部可用资金买入；

如果股价高于近 20 日平均价 10%，则卖出全部所持的该股票。

还有一点不明确的地方：究竟买卖哪只股票呢？我们认为这个交易方法盈利与否应该跟交易哪只股票关系不大，但 ST 股票除外（知道 ST 股票是一类风险特别大的股票就好），所以股票的选择范围是除 ST 股票外的国内 A 股的所有股票。所以我们进一步细化：

每个交易日监测的是除 ST 股票外的国内 A 股的所有股票的股价；

如果股价低于近 20 日平均价 10%，则用全部可用资金买入该股票；

如果股价高于近 20 日平均价 10%，则卖出全部所持有的该股票。

现在我们基本已经把之前的灵感细化成明确的可执行的交易策略。当然，可能还有些地方不够明确，也可能有些细节还不确定要改动，这些可以随时想到随时再改，不必一次做到完美。

（三）把策略转成程序

把策略转成程序就是把明确后的策略通过编程转成程序，好让计算机能根据历史数据模拟执行该策略，以及能根据实际行情进行反应并模拟交易或真实交易。

简言之，就是把刚刚的策略翻译成计算机可识别的代码语言，即把这个：

每个交易日监测的是除 ST 股外的国内 A 股的所有股票的股价；

如果股价低于近 20 日平均价 10%,则用全部可用资金买入该股票;

如果股价高于近 20 日平均价 10%,则卖出全部所持有的该股票。

写成类似这样的代码(下面的代码并不完全符合,只是展示下大概的样子):

```
def initialize(context):
    g.security = ['002043.XSHE','002582.XSHE']
def handle_data(context, data):
    for i in g.security:
        last_price = data[i].close
        average_price = data[i].mavg(20, 'close')
        cash = context.portfolio.cash
        if last_price > average_price:
            order_value(i, cash)
        elif last_price < average_price:
            order_target(i, 0)
```

这样一来,就把刚才细化好的策略转成了代码程序,计算机就能运行了。你可以将这个过程理解成用计算机能听懂的语言(代码),把你的策略告诉给计算机了。

(四)检验策略效果

现在计算机理解了你的策略,你现在可以借助计算机的力量来验证你的策略了。基本的检验策略方法有回测和模拟交易两种方法。

回测是让计算机能根据一段时间的历史数据模拟执行该策略,根据结果评价并改进策略。继续之前的那个均价的策略例子的话就是这样的:

设定初始的虚拟资产 500 000 元,一个时期 2006-01-01 到 2022-01-01,把这一时期的各种数据如估计股价行情等发送给计算机,计算机会利用这些数据模仿真实的市场,执行你刚才告诉它的策略程序。最后,计算机会给你一份报告,根据这个报告你就会知道,2006 年 1 月 1 日的 500 000 元,按照你的策略交易到 2022 年 1 月 1 日,会怎样?报告一般包括盈亏情况、下单情况、持仓变化,以及一些统计指标等,从而你能据此评估交易策略的好坏。

如果结果不好,则需要分析原因并改进。如果结果不错,则可以考虑用模拟交易进一步验证。

模拟交易是让计算机能根据实际行情模拟执行该策略一段时间，并根据结果评价改进策略。与回测不同，回测是用历史数据模拟，模拟交易使用实际的实时行情来模拟执行策略的。举例来说就是这样：

设定初始的虚拟资产为 500 000 元，选择开始执行模拟交易的时间点，比如明天。那么从明天开始，股市开始交易，真实的行情数据就会实时地发送到计算机，计算机会利用真实的数据模仿真实的市场，执行你的策略程序。同时，你会得到一份实时更新的报告。这个报告类似于回测得到的报告，不同的是这份报告会根据实际行情变化更新。同样你能据此评估交易策略的好坏。可见，回测是用历史数据模拟执行策略，模拟交易是用未来的实际行情模拟执行策略。如果策略在回测与模拟交易的表现都非常好，你可以考虑进行真金白银的实盘交易。

（五）进行实盘交易并不断维护修正

实盘交易就是让计算机能自动根据实际行情，用真金白银自动执行策略，进行下单交易。注意，这时不再是用虚拟资产模拟交易，亏损和盈利都是真钱。实盘交易一般也会给出一份类似模拟交易的会不断更新的报告，从而不断观察策略的实盘表现并及时调整与改进策略，使之实现持续平稳盈利的目标。

四、实验任务及要求

1. 给出三种以上的交易策略。

要求：分步书写，逻辑清晰，交易策略操作明确。

2. 利用证券投资相关知识构建量化交易策略。

要求：(1) 首先给出量化模型的思路。

(2) 对交易思路进行分部具体化。

(3) 将上述的思路程序化（使用 Python）。

实验二 Python 数据类型

一、实验目标与要求

1. 通过实验学习 Python 基础数据类型。
2. 能灵活运用所学知识,完成实验任务。

二、实验相关知识

本书实现量化交易分析的计算机语言为 Python 语言,一般常见的 Python 教程都是针对程序员的,所以很多内容在做量化写策略时往往用不到。而本实验则是以量化投资为情景对教材中常见的 Python 编程语法进行实验,更多的 Python 语言知识可以查阅相关课外资料获取。

三、实验案例

为了更方便地取用数据,在最基本的数据类型——数字与字符串的基础上,还有其他的数据类型,它们往往具有更复杂的结构和更便捷的功能。比如接下来要介绍的列表(list)、字典(dictionary),不过这一部分的内容实在是繁多,此处只介绍最常用的内容。

(一)列表

1. 列表数据类型能方便我们操作一组数据。比如一组股价、一组股票名等。

列表的建立方法如下:

```
# 建立一个 list：变量名=[数据或变量名,数据或变量名,……]
a=[1,1,2,3,5,8,13,21]
b=['000001.XSHE','002043.XSHE','002582.XSHE','600000.XSHG']
c=[1,2,'good',[1,2,'luck'],a,b]
# 值得注意的是例子中的 c,c 是一个 list,其中的包含了 6 个元素,其中有数字(1,2),有字符串('good'),以及三个 list([1,2,'luck'],a,b)。
# 因此你应该知道,list 中可混合存放多种数据类型,list 中放一个 list 也行。
```

2. 选取 list 中的某个元素的用法如下：

```
# 方法：list 类型的变量[位置(或称下标或索引)]
# 索引从 0 开始
# 可以用负数代表倒数第几
c=[1,2,3,4]
# 为了看到结果我们用 print 打印
print(c[0])
print(c[1])
print(c[2])
print(c[-1])
# 用之前的方法执行后结果如下：(前面的日期以后就不写了)
1
2
3
4
```

选取 list 中的一段的用法如下：

```
# 方法：list 类型的变量[起点索引:终点索引]
# 起点索引省略则默认为 0
# 终点索引省略则默认为最后的索引
# 注意此时的结果仍是一个 list
c=[1,2,3,4]
```

```
# 为了看到结果我们用 print 打印
print(c[2:3])
print(c[:-1])
print(c[3:])
print(c[:])
# 执行后结果如下：
[3]
[1, 2, 3]
[4]
[1, 2, 3, 4]
```

(二)字典

字典数据类型同样能方便我们操作一组数据，与 list 不同的是我们可以为这组数据自定义地建立索引。

1. 建立方法如下：

```
# 建立方法：变量名={索引名:数据,索引名:数据,....}
# dict 中的索引名也叫键(key),数据也叫值(value)
a={'平安银行':'000001.XSHE','浦发银行':'600000.XSHG'}
b={'开盘价':10.0,'收盘价':11.0,'涨跌幅':0.10}
```

选取 dict 中的某个 key 的值方法如下：

```
# 选取方法 dict 类型的变量[key]
a={'平安银行':'000001.XSHE','浦发银行':'600000.XSHG'}
# 为了看到结果我们用 print 打印
print(a['平安银行'])
# 执行后结果如下：
000001.XSHE
```

2. 选取 dict 中的所有 key 与所有 value

```
# 选取 dict 中的所有 key：dict 类型变量.keys()
# 选取 dict 中的所有 value：dict 类型变量.values()
```

```
# 注意返回的结果是 list 类型的
a={'平安银行':'000001.XSHE','浦发银行':'600000.XSHG'}
b=a.keys()
c=a.values()
# 为了看到结果我们用 print 打印
print("a.keys()=%s" % (a.keys()))
print("b=%s" % (b))
print("c=%s" % (c))
# list 中的中文难以正常显示,需如下这样单独打印
print("b[0]=%s" % (b[0]))
# 执行后结果如下:
a.keys()=['\xe5\xb9\xb3\xe5\xae\x89\xe9\x93\xb6\xe8\xa1\x8c', '\xe6\xb5\xa6\xe5\x8f\x91\xe9\x93\xb6\xe8\xa1\x8c']
b=['\xe5\xb9\xb3\xe5\xae\x89\xe9\x93\xb6\xe8\xa1\x8c', '\xe6\xb5\xa6\xe5\x8f\x91\xe9\x93\xb6\xe8\xa1\x8c']
c=['000001.XSHE', '600000.XSHG']
b[0]=平安银行
# 可以看到,list 中的中文难以正常显示。
# 而且结果都是 list(有中括号)
```

四、实验任务及要求

1. 通过网络学习字符串、列表、元组、字典常用的五个方法

字符串:repleace, strip, split, reverse, upper, lower, join.....

列表:append, pop, insert, remove, sort, count, index.....

元组:index, count, __len__() ,__dir__()

字典:get, keys, values, pop, popitems, clear, update, items.....

2. 企业发放的奖金根据利润提成

利润 1：低于或等于 10 万元时，奖金可提 10%；高于 10 万元，低于 20 万元时，低于 10 万元的部分按 10%提成，高于 10 万元的部分，可提成 7.5%；20 万～40 万元时，高于 20 万元的部分，可提成 5%；40 万～60 万元时，高于 40 万元的部分，可提成 3%；60 万～100 万元时，高于 60 万元的部分，可提成 1.5%，高于 100 万元时，超过 100 万元的部分按 1%提成，通过键盘输入当月利润 1，求应发放奖金总数是多少。

实验三　Python 循环与条件判断

一、实验目标与要求

1. 能使用 Python 循环语句完成基础循环程序编写。
2. 了解循环在量化投资中的简单应用场景及实现。

二、实验相关知识

（一）Python 提供了 FOR 循环和 WHILE 循环（在 Python 中没有 DO...WHILE 循环）：

Python 支持的循环类型如表 1-1 所示。

表 1-1　Python 支持的循环类型

循环类型	描述
WHILE 循环	在给定的判断条件为 TRUE 时执行循环体，否则退出循环体

表1-1(续)

循环类型	描述
FOR 循环	重复执行语句
嵌套循环	你可以在 WHILE 循环体中嵌套 FOR 循环

循环控制语句可以更改语句执行的顺序。Python 支持的循环控制语句如表 1-2 所示。

表 1-2　Python 支持的循环控制语句

控制语句	描述
BREAK 语句	在语句块执行过程中终止循环,并且跳出整个循环
CONTINUE 语句	在语句块执行过程中终止当前循环,跳出该次循环,执行下一次循环
PASS 语句	PASS 是空语句,目的是保持程序结构的完整性

(二)条件判断

if 条件判断语句目的是如下:

```
# 如果 条件 1 成立为 True,将执行代码块 1
# 如果 条件 1 不成立为 False,将判断条件 2
# 如果 条件 2 成立为 True,将执行代码块 2
# 如果 条件 2 还不成立为 False,将执行代码块 3

if 条件 1:
    代码块 1
elif 条件 2:
    代码块 2
else:
    代码块 3

# 注意
```

elif 可以多个连续写

且 elif 和 else 都可以省略

条件判断语句中可以嵌套条件判断语句

三、实验案例

1. 从一个列表中分别取出每一个列表元素

```
for k in ['大卫','查理曼','凯撒','亚历山大']:
    print(k)
# 执行后日志如下:
  # 大卫
  # 查理曼
  # 凯撒
  # 亚历山大
```

可见,for 语句的运行过程是,取出 list 中第一个元素'大卫'并将其赋值给 k,然后执行 print(k),即在日志中打印 k,此时 k 中是'大卫',之后,取出 list 中第二个元素'查理曼'并将其赋值给 k,然后执行 print(k)即在日志中打印 k,此时 k 中是'查理曼',以此类推,直到'亚历山大'被打印。

使用 for 语句时有一个常见一起使用的语句 range(),它的功能是生成等差数列,用法如下:

range(首项,上限,步长)

首项就是这个数列的第一项,可省略,省略后默认为 0

步长就是数列的公差、间隔,可省略,省略后默认为 1

上限是用来限制数列长度的,即数列不得大于或等于上限,不可省略

另外,Python2 中 range 产生的是 list,Python3 中产生的不是 list,但可以用 list()这个语句把结果转成 list 类型,比如 list(range(1,7,2))。我们策略编辑的环境是 Python2

2. 利用 range() 函数构建循环

```
for j in range(1,7,2):
    print(j)
print(range(1,7,2))
# 执行后日志如下:
# 1
# 3
# 5
# [1, 3, 5]
```

3. continue 与 break 在循环中的使用

continue 与 break 是重要的修饰循环执行流程的语句,用法如下:

```
# break 的作用是写在循环体中用来跳出当前的整个循环过程
# continue 的作用是写在循环体中用来跳出当前的这一次的循环过程
# 通过一个例子应该就能明白两者的作用与区别
# 一个简单的循环例子
for t in range(4):
    print(t)
# 执行的结果是
# 0
# 1
# 2
# 3
```

在例子中使用 break。可以看到当循环到 2,打印 omg 后,执行 break,终止了整个循环过程,不再继续循环 3 了,所以 omg 后就什么都没了。

4. 条件判断

```
for t in range(4):
    if t == 2:
        print('omg')
        break
```

```
        print(t)
    # 执行的结果是
    # 0
    # 1
    # omg
```

在例子中使用 continue。可以看到当循环到 2,打印 omg 后,执行 continue,跳过了当前正循环的 t 为 2 这个循环过程的余下部分,不再继续执行之后的语句(即 print(t),此时 t 等于 2),而继续循环 3 了,所以 omg 后又打印 3。

```
for t in range(4):
    if t == 2:
        print('omg')
        continue
    print(t)
# 执行的结果是
# 0
# 1
# omg
# 3
```

举几个例子:

```
# 打印 a、b 中最大值
if a>=b:
    print(a)
else:
    print(b)
# 判断 a 的正负性
if a>0:
    print('正')
elif a<0:
    print('负')
```

```
elif a==0:
    print('零')
# 如果当前是 2018-05-04,则下单买入 100 股平安银行的股票
date=context.current_dt.strftime("%Y-%m-%d")
if date=='2018-05-04':
    order('000001.XSHE',100)
# 判断 a 大小情况
if a>0:
    if a<1:
        print('a 大于 0 且小于 1')
    else:
        print('a 大于等于 1')
else:
    print('a 小于等于 0')
```

条件判断语句比较简单,但还需说明的是条件的写法中用到的运算符:

```
# 写条件常用运算符:
# < 小于
# > 大于
# <= 小于等于
# >= 大于等于
# == 等于
# != 不等于
# and 与,即 and 两边条件同为真,则真
# or 或,即 or 两边条件任意一个为真,则真
# not 非,即 not 右侧条件为真,则假,not 右侧条件为假,则真

# 以判断 a 是否为 0 的几个写法为例
# 写法 1
```

```
if a! =0:
    print('否')
else:
    print('是')
# 写法 2
if a>0 or a<0:
    print('否')
else:
    print('是')
# 写法 3
if a>=0 and a=<0:
    print('是')
else:
    print('否')
# 写法 4
if not a==0:
    print('否')
else:
    print('是')
```

四、实验任务及要求

1. 利用循环语句编写九九乘法表。

2. 利用循环语句完成这一故事:"有一对兔子,从出生后第 3 个月起每个月都生一对兔子,小兔子长到第三个月后每个月又生一对兔子,假如兔子都不死,问每个月的兔子总数为多少?"

3. 首先用 for 语句生成一个 100 项的平方数数列的 list,即[1,4,9,16,…,10 000],然后用 for 语句计算 100 项的平方数数列的和,即 1+4+9+16+…+10 000。那么代码的输出结果是什么?

实验四 Python 函数

一、实验目标与要求

1. 通过实验熟练掌握 Python 内建函数与自定义函数的使用。
2. 熟练掌握函数参数的调用。

二、实验相关知识

函数是组织好的、可重复使用的,用来实现单一或相关联功能的代码段。

函数能提高应用的模块性和代码的重复利用率。你已经知道 Python 提供了许多内建函数,比如 print()。但你也可以自己创建函数,这被叫作用户自定义函数。

你可以定义一个有自己想要具有某些功能的函数,以下是简单的规则:

1. 函数代码块以 def 关键词开头,后接函数标识符名称和圆括号()。
2. 任何传入参数和自变量必须放在圆括号中间。圆括号之间可以用于定义参数。
3. 函数的第一行语句可以选择性地使用文档字符串用于存放函数说明。
4. 函数内容以冒号起始,并且缩进。
5. 以 return [表达式] 结束函数,选择性地返回一个值给调用方。不带表达式的 return 相当于返回 None。

三、实验案例

1. 函数语法案例

```
def functionname( parameters ):
    "函数_文档字符串"
    function_suite
    return [expression]
```

默认情况下,参数值和参数名称是按函数声明中定义的顺序匹配起来的。

2. 简单显示函数实例

以下为一个简单的 Python 函数,它将一个字符串作为传入参数,再打印到标准显示设备上。

实例(Python 2.0+)

```
def printme( str ):
    "打印传入的字符串到标准显示设备上"
    print str
    return
```

3. 函数调用

定义一个函数只给了函数一个名称,指定了函数里包含的参数和代码块结构。

这个函数的基本结构完成以后,你可以通过另一个函数调用执行,也可以直接从 Python 提示符执行。

如下实例调用了 printme()函数:

实例(Python 2.0+)

```
#! /usr/bin/python
# -*- coding: UTF-8 -*-
# 定义函数
```

```
def printme( str ):
    "打印任何传入的字符串"
    print str
    return
# 调用函数
printme("我要调用用户自定义函数!")
printme("再次调用同一函数")
```

以上实例输出结果:

我要调用用户自定义函数!

再次调用同一函数

4. 函数参数传递案例

在 Python 中,类型属于对象,变量是没有类型的:

```
a=[1,2,3]
a="Runoob"
```

以上代码中,[1,2,3] 是 list 类型,"Runoob" 是 string 类型,而变量 a 没有类型,它仅仅是一个对象的引用(一个指针),可以是 list 类型对象,也可以指向 string 类型对象。

5. 可更改(mutable)与不可更改(immutable)对象

在 Python 中,strings、tuples 和 numbers 是不可更改的对象,而 list、dict 等则是可以修改的对象。

不可变类型:变量赋值 a=5 后再赋值 a=10,这里实际上是新生成一个 int 值对象 10,再让 a 指向它,而 5 被丢弃,不是改变 a 的值,相当于新生成了 a。

可变类型:变量赋值 la=[1,2,3,4] 后再赋值 la[2]=5 则是将 list la 的第三个元素值更改,本身 la 没有动,只是其内部的一部分值被修改了。

Python 函数的参数传递:

不可变类型:类似 c++ 的值传递,如整数、字符串、元组。如 fun(a),传递的只是 a 的值,没有影响 a 对象本身。比如在 fun(a)内部修改 a 的值,只是修改另一个复制的对象,不会影响 a 本身。

可变类型:类似 c++ 的引用传递,如列表,字典。如 fun(la),是将 la 真正地传过去,修改后 fun 外部的 la 也会受影响。

Python 中一切都是对象,严格意义上我们不能说是值传递还是引用传递,我们应该说传不可变对象和传可变对象。

Python 传不可变对象实例:

实例(Python 2.0+)

```
#! /usr/bin/python
# -*- coding: UTF-8 -*-
def ChangeInt( a ):
    a = 10
b = 2
ChangeInt(b)
print b # 结果是 2
```

实例中有 int 对象 2,指向它的变量是 b,在传递给 ChangeInt 函数时,按传值的方式复制了变量 b,a 和 b 都指向了同一个 Int 对象,在 a=10 时,则新生成一个 int 值对象 10,并让 a 指向它。

Python 传可变对象实例:

实例(Python 2.0+)

```
#! /usr/bin/python
# -*- coding: UTF-8 -*-
# 可写函数说明
def changeme( mylist ):
   "修改传入的列表"
   mylist.append([1,2,3,4])
   print "函数内取值: ", mylist
   return
# 调用 changeme 函数
mylist = [10,20,30]
changeme( mylist )
```

print "函数外取值：", mylist

实例中传入函数的和在末尾添加新内容的对象用的是同一个引用，故输出结果如下：

函数内取值： [10, 20, 30, [1, 2, 3, 4]]

函数外取值： [10, 20, 30, [1, 2, 3, 4]]

6. 参数

以下是调用函数时可使用的正式参数类型：

必备参数

关键字参数

默认参数

不定长参数

必备参数

必备参数须以正确的顺序传入函数。调用时的数量必须和声明时的一样。

调用 printme()函数时，你必须传入一个参数，不然会出现语法错误：

实例(Python 2.0+)

```
#! /usr/bin/python
# -*- coding: UTF-8 -*-
#可写函数说明
def printme( str ):
    "打印任何传入的字符串"
    print str
    return
#调用 printme 函数
printme()
```

以上实例输出结果：

```
Traceback (most recent call last):
  File "test.py", line 11, in <module>
    printme()
TypeError: printme() takes exactly 1 argument (0 given)
```

7. 关键字参数

关键字参数和函数调用关系紧密,函数调用使用关键字参数来确定传入的参数值。

使用关键字参数允许函数调用时参数的顺序与声明时不一致,因为 Python 解释器能够用参数名匹配参数值。

以下实例为在函数 printme( ) 调用时使用参数名:

实例(Python 2.0+)

```
#! /usr/bin/python
# -*- coding: UTF-8 -*-
#可写函数说明
def printme(str):
    "打印任何传入的字符串"
    print str
    return
#调用 printme 函数
printme(str = "My string")
```

以上实例输出结果:

```
My string
```

下例能将关键字参数顺序不重要展示得更清楚:

实例(Python 2.0+)

```
#! /usr/bin/python
# -*- coding: UTF-8 -*-
#可写函数说明
def printinfo(name, age):
    "打印任何传入的字符串"
    print "Name: ", name
    print "Age ", age
    return
#调用 printinfo 函数
```

```
printinfo( age=50, name="miki" )
```

以上实例输出结果：

```
Name:  miki
Age  50
```

8. 默认参数

调用函数时，默认参数的值如果没有传入，则被认为是默认值。下例会打印默认的 age，如果 age 没有被传入：

实例（Python 2.0+）

```
#! /usr/bin/python
# -*- coding: UTF-8 -*-
#可写函数说明
def printinfo( name, age = 35 ):
    "打印任何传入的字符串"
    print "Name: ", name
    print "Age ", age
    return
#调用 printinfo 函数
printinfo( age=50, name="miki" )
printinfo( name="miki" )
```

以上实例输出结果：

```
Name:  miki
Age  50
Name:  miki
Age  35
```

9. 不定长参数

你可能需要一个函数能处理比当初声明时更多的参数。这些参数叫作不定长参数，和上述 2 种参数不同，声明时不会命名。其基本语法如下：

```
def functionname([formal_args,] *var_args_tuple ):
```

```
    "函数_文档字符串"
    function_suite
    return [expression]
```

加了星号(*)的变量名会存放所有未命名的变量参数。不定长参数实例如下：

实例(Python 2.0+)

```
#! /usr/bin/python
# -*- coding: UTF-8 -*-
# 可写函数说明
def printinfo( arg1, *vartuple ):
    "打印任何传入的参数"
    print "输出: "
    print arg1
    for var in vartuple:
        print var
    return
# 调用 printinfo 函数
printinfo( 10 )
printinfo( 70, 60, 50 )
```

以上实例输出结果:

```
输出:
10
输出:
70
60
50
```

10. 匿名函数

Python 使用 lambda 来创建匿名函数。

lambda 只是一个表达式,函数体比 def 简单很多。

lambda 的主体是一个表达式，而不是一个代码块，仅仅能在 lambda 表达式中封装有限的逻辑。

lambda 函数拥有自己的命名空间，且不能访问自有参数列表之外或全局命名空间里的参数。

虽然 lambda 函数看起来只能写一行，却不等同于 C 或 C++的内联函数，后者的目的是调用小函数时不占用栈内存从而增加运行效率。

语法：

lambda 函数的语法只包含一个语句，如下：

lambda [arg1 [,arg2,.....argn]]:expression

如下实例：

实例(Python 2.0+)

```
#! /usr/bin/python
# -*- coding: UTF-8 -*-
# 可写函数说明
sum = lambda arg1, arg2: arg1 + arg2
# 调用 sum 函数
print "相加后的值为 : ", sum( 10, 20 )
print "相加后的值为 : ", sum( 20, 20 )
```

以上实例输出结果：

```
相加后的值为 :  30
相加后的值为 :  40
```

return 语句[表达式]退出函数，选择性地向调用方返回一个表达式。不带参数值的 return 语句返回 None。之前的例子都没有示范如何返回数值，下例便告诉你怎么做：

实例(Python 2.0+)

```
#! /usr/bin/python
# -*- coding: UTF-8 -*-
# 可写函数说明
def sum( arg1, arg2 ):
   # 返回 2 个参数的和."
```

```
    total = arg1 + arg2
    print "函数内 : ", total
    return total
# 调用 sum 函数
total = sum( 10, 20 )
```

以上实例输出结果：

函数内 ： 30

11. 变量作用域

一个程序的所有的变量并不是在哪个位置都可以访问的。访问权限决定于这个变量是在哪里赋值的。

变量的作用域决定了在哪一部分程序你可以访问哪个特定的变量名称。两种最基本的变量作用域如下：

全局变量

局部变量

全局变量和局部变量

定义在函数内部的变量拥有一个局部作用域，定义在函数外的变量拥有全局作用域。

局部变量只能在其被声明的函数内部访问，而全局变量可以在整个程序范围内访问。调用函数时，所有在函数内声明的变量名称都将被加入作用域中。实例如下：

实例(Python 2.0+)

```
#! /usr/bin/python
# -*- coding: UTF-8 -*-
total = 0 # 这是一个全局变量
# 可写函数说明
def sum( arg1, arg2 ):
    #返回 2 个参数的和."
    total = arg1 + arg2 # total 在这里是局部变量
    print "函数内是局部变量 : ", total
```

```
    return total
#调用 sum 函数
sum( 10, 20 )
print "函数外是全局变量 : ", total
```

四、实验任务及要求

1. 定义一个标量函数 cxage,通过学生姓名,查询学生年龄,如输入姓名“张小红”,显示结果为“张小红的年龄是 27 岁”。

2. 定义一个标量函数 cxscore,通过课程名称,查询所有选修该课程的最高分,如输入“高等数学”,显示结果为“选修高等数学课程的最高分是 122 分”。

3. 定义一个标量函数 cxrs,通过专业名称,查询该专业学生人数,如输入“计算机科学”,显示结果为“计算机科学专业人数为 7 人”。

4. 定义一个表值函数 cxtitle,通过输入教师姓名,查询所有和该教师职称相同的教师记录,结果以表格的形式显示。

项目二

同花顺、聚宽平台实验

实验一 同花顺系统使用

一、实验目标与要求

1. 通过实验掌握同花顺量化交易实验平台基本操作。
2. 对平台 API 有所了解。

二、实验相关知识

近年来，量化投资已逐渐成为证券投资的重要分析方法和发展方向；各类金融机构对相关人才的需求不断增长。财经院校培养新商科应用型金融类人才必须紧跟前沿，通过将量化投资交易从理论讲授转移到实践运用，增强学生的应用能力，从而提高学生就业竞争力。

量化投资交易策略的实现、交易模拟以及策略回测需要在量化交易平台上得以实现，目前量化交易平台主要基于 Python 编程语言编写投资策略。本书以同花顺量化金融实验室的量化平台为例对量化平台功能进行介绍。

三、实验案例

(一)同花顺量化交易平台框架

金融实验室的量化交易模块是基于同花顺量化系列软件所开发集成的适用于量化教学场景的功能模块。该模块基于同花顺的金融数据库，以及平台提供的 Python API 接口对数据进行调用并将其提供给量化研究员进行量化研究，从而实现研究员通过接口进行量化应用，包括策略研究、因子策略、模拟交易等，如图 2-1 所示。

图 2-1　同花顺量化平台功能界面

量化投研主要基于宏微观经济分析、理论验证及策略建模等环节，以达到寻找市场交易机会并研究 alpha 模型的目的，策略开发是将模型开发成量化策略，当前同花顺量化平台提供了股票策略、期货策略、期权策略及基金策略等不同策略模板。开发完成后，可进行策略评价与验证，评价包括风险指标、绩效分析、组合优化等，最终通过模拟交易来验证策略有效性。

（二）教学管理系统

同花顺量化金融实验室提供了师生管理系统，使教师得以在平台进行班级管理、课堂管理、大赛管理。在班级管理界面下创建班级并导入学生，从而实现学生管理，并且通过课堂管理上传目前开设的课程及相关课程资料，发放作业和批改作业。在大赛管理中可以发布模拟大赛，在学生在竞赛的环境中，可以达到将理论运用于实践的知识、能力目标。在量化课堂板块，同花顺提供了多种量化投资相关线上课程，教师可通过添加学生和班级，达到共享线上量化课程的目的。学生可以将编写好的策略建立模拟交易，并绑定到课程中，方便教师实时跟踪查看学生的策略实现情况以及策略代码，以便对学生的表现作出有效的评估。

同花顺量化金融实验室教学管理系统如图 2-2 所示。

图 2-2　同花顺量化金融实验室教学管理系统

（三）量化平台主要功能

通过同花顺量化金融实验室主界面进入量化平台，能够通过策略研究、因子策略功能实现策略开发，利用因子检测、因子库查找选取因子，并通过因子检测，决定是否围绕该因子进行策略开发。研究平台功能提供了挖掘市场交易机会、研究 alpha 模型的环境，可以提高使用者的投研能力。通过模拟交易功能，使用者可将开发出的策略进行绑定，以在平台的模拟环境中持续进行模拟交易。同时，策略库提供基本策略的目录和模板，能够在教学中供学生快速学习不同类别的策略基本形式。

同花顺金融实验室量化平台主界面如图 2-3 所示。

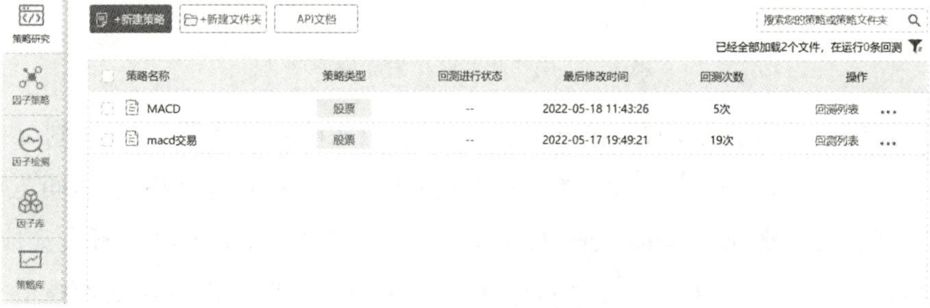

图 2-3　同花顺金融实验室量化平台主界面

1. 策略研究

在策略研究界面，新建策略可以通过点击界面左上角“新建策略”，选择策略类型和定义策略名称完成新策略的初始建立。

策略研究界面新建策略如图 2-4 所示。

图 2-4　策略研究界面新建策略

同花顺量化平台在每个种类的策略下提供了基于 Python 3 的基础模板，点击“确认”新建策略后，界面左边为该类型策略的基础模板。使用者可以利用基础模板进行学习，也可以基于策略模板进行代码修改。当策略编写完成时，可以在界面右侧设置“时间”“初始投入资金”“频率”等参数，点击“回测”后，在该环境下则开始自动按照设置参数，对该策略进行回测，如果策略能成功完成编译运行，则说明策略代码在指定历史区间是可运行的，并且运行出基准收益与策略收益曲线。用于衡量基准收益的股票指数可由使用者自行设定。

回测收益概览如图 2-5 所示。

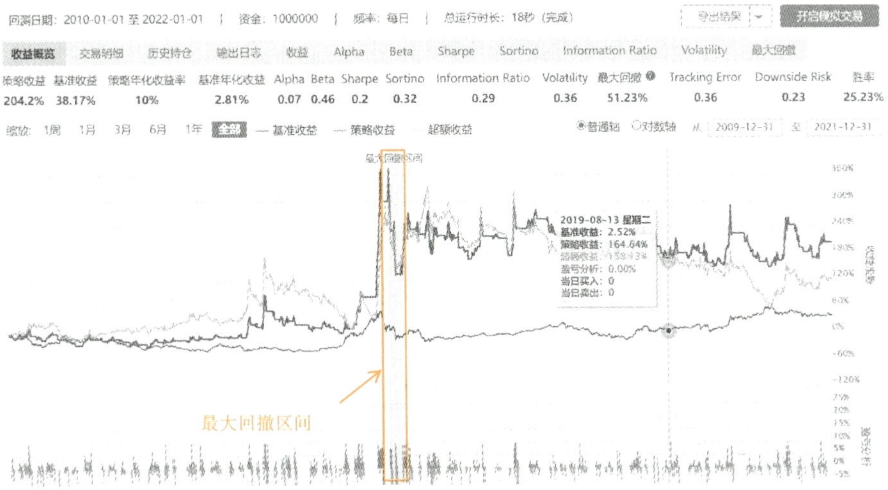

图 2-5　回测收益概览

除了显示出基准收益与策略收益曲线外，进行回测后可看到完整的回测报告，包括交易明细、历史持仓等。在回测界面通过点击“交易明细”“历史持仓”“输出日志”等按钮，对应查看历史信息。

回测历史信息显示如图 2-6 所示。

图 2-6　回测历史信息显示

2. 因子策略

因子策略与因子检测和因子库功能，均为基于多因子投研体系下的功能。一般在进行因子策略的编写前，需要先通过因子检测功能判断选取因子能否运用于策略。因子检测提供因子分析工具，帮助用户检测因子与证券收益的相关性，因子库提供实时监控功能，用户可查看同花顺提供的因子有效性及用户自定义因子的有效性，因子策略用于验证所选因子在模拟回测中的收益能否实现超额收益。

因子检测主界面如图 2-7 所示。

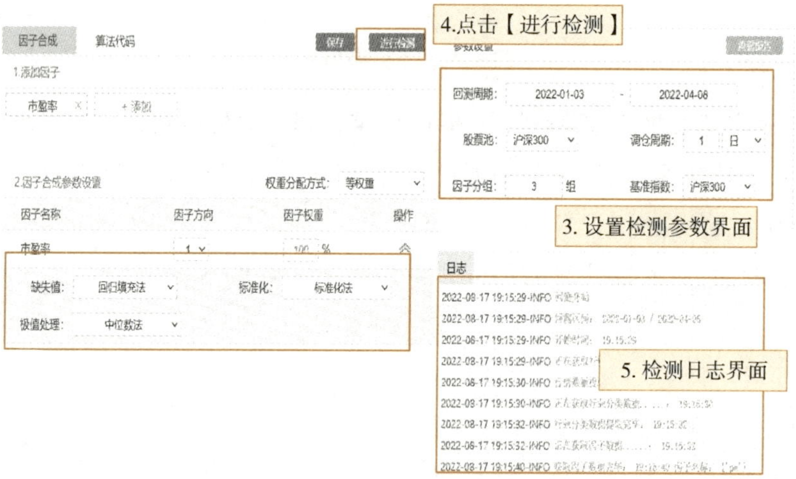

图 2-7　因子检测主界面

在因子合成界面，首先在添加因子的界面中点击“添加因子”，选择本次策略编写所需要的因子。在参数界面中，针对“缺失值”“标准化”“极值处理”进行方法选定后，在右侧设置检测参数，包括“回测周期”“股票池”“调仓周期”“因子分组”和“基准指数”，然后点击添加因子界面中的“进行检测”以检测因子能否应用于策略。在进行参数设置时，代码模板会根据使用者的参数动态进行修正，无须使用者手动编译代码。检测完成后，可以查看检测报告。

在完整的检测报告中，显示了分组收益率曲线、分组绩效分析、多空组合、换手率分析、行业分组收益和 IC 检测。因子能否用于策略，主要参考 IC 检测结果。IC 检测体现了因子的有效性，理论上 IC 序列均值越大，代表相关性越大，越能利用该因子预测收益。IR 比率根据均值及标准差计算，代表预测稳定性，理论上 IR 比率越高，预测稳定性越高。

IC 值检测结果如图 2-8 所示。

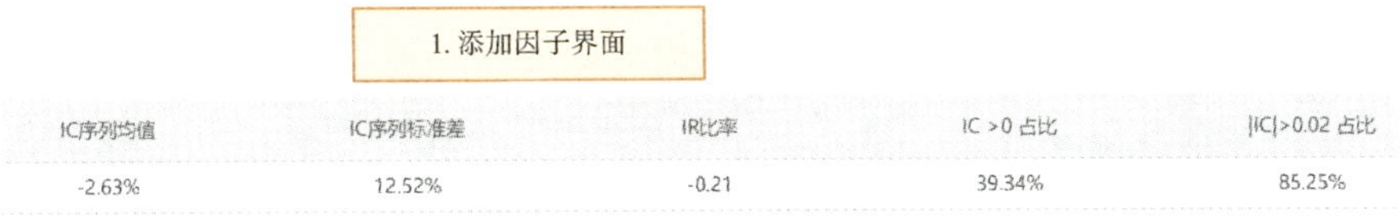

IC序列均值	IC序列标准差	IR比率	IC >0 占比	|IC|>0.02 占比
-2.63%	12.52%	-0.21	39.34%	85.25%

图 2-8　IC 值检测结果

新建因子策略步骤与新建策略类同，但也可直接在“策略库”功能中，在“多因子选股”列表下使用同花顺量化平台既定的多因子选股策略模板进行回测。

策略库中的策略目录如图 2-9 所示。

3. 研究平台

研究平台基于 Jupyter Notebook 环境。在研究环境中，同花顺量化平台允许使用者上传本地数据，以及调用 tushare、ifind 等数据接口，进行静态化的策略、数据研究，支持实时代码、数学方程、markdown，其用途包括数据查看、统计建模、机器学习等，以便使用者在研究环境中实现想法。同时在研究平台的主界面，同花顺量化平台提供了关于绘图、指标选股、API 接口调用等基础教程供使用者阅读。

研究平台主界面如图 2-10 所示。

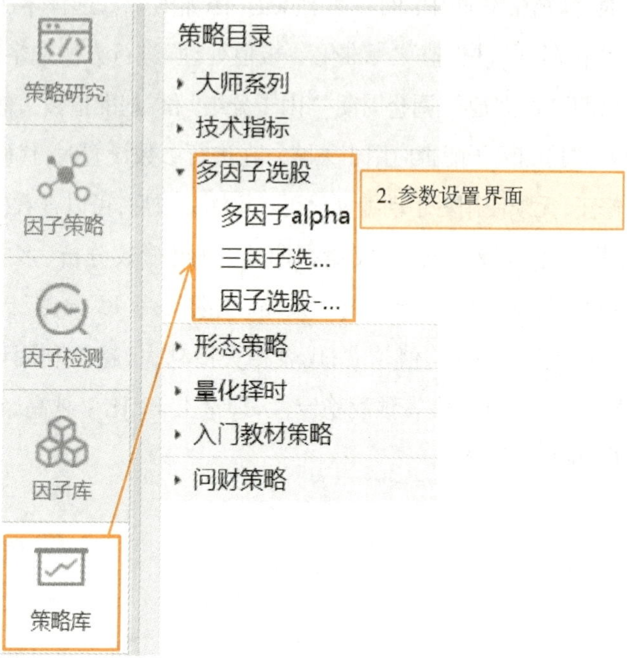

图 2-9　策略库中的策略目录

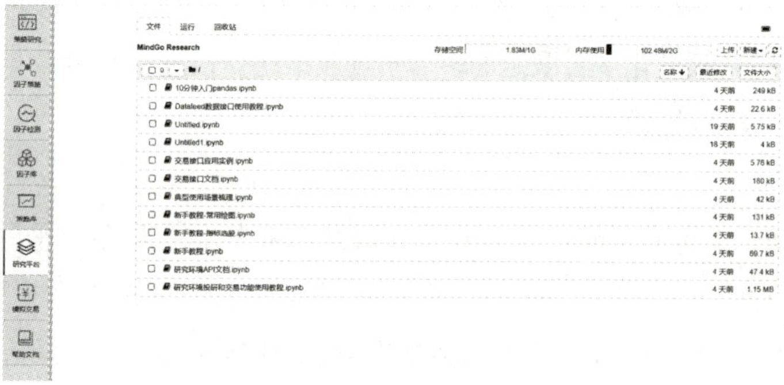

图 2-10　研究平台主界面

4. 模拟交易

编写完成的策略，可以在“模拟交易”功能下，通过点击“新建模拟交易”将策略添加。在模拟交易的过程中，同花顺量化平台允许使用者动态修整策略，点击“暂停”后即可对策略进行重新编写，编写完成后在现有基础上继续运行。

模拟交易界面如图 2-11 所示。

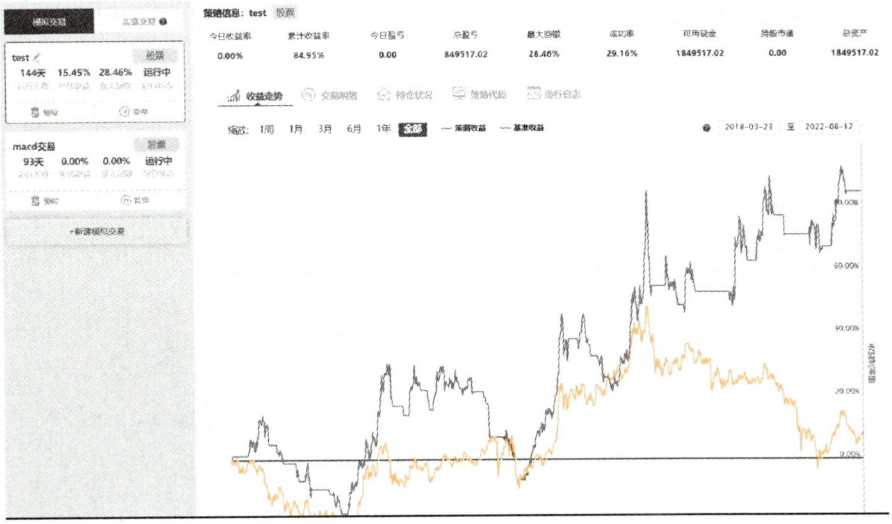

图 2-11　模拟交易界面

5. 帮助文档

在量化平台界面右侧设置了“帮助文档”一栏，“帮助文档”向使用者提供包括回测引擎、因子研究、研究环境、期货期权 API 和数据文档等使用指南。帮助文档主界面右侧为主要分类，左侧为该分类下基本设定、参数设定、调用函数等使用说明。使用者可以通过快捷键“Ctrl+F”快速搜索关键词得到对应的帮助文档。回测引擎文档中，包括支持哪些 Python 数据库，股票回测引擎的系统性设置、风险模型、组合优化器、组合归因及风险指标和调试功能的说明。数据文档中，覆盖了多种财务数据，包含行情数据、指数数据、可转债、基金等，数据文档说明了不同指标、因子在什么数据内，应该用何种函数进行调用，API 相关文档解释了如何通过函数获取数据以及调用函数。

帮助文档界面如图 2-12 所示。

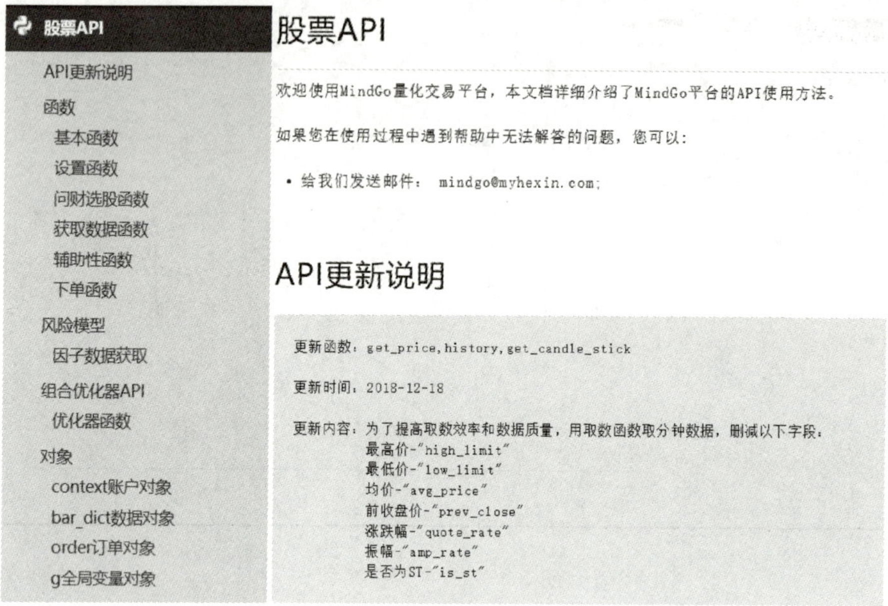

图 2-12　帮助文档界面

四、实验任务及要求

1. 简述同花顺量化交易平台的主要功能。
2. 利用同花顺量化交易平台的因子分析功能实现一个自己的因子量化交易策略。

实验二 聚宽量化交易平台操作

一、实验要求

1. 了解聚宽量化交易平台的基本功能。
2. 掌握聚宽量化交易平台的基本操作。

二、实验相关知识

聚宽(JoinQuant)量化交易平台是为量化爱好者(宽客)量身打造的云平台,该平台为用户提供精准的回测功能、高速实盘交易接口、易用的 API 文档、由易入难的策略库,便于用户快速实现、使用自己的量化交易策略。

三、实验案例

(一)登录

打开浏览器,搜索"聚宽量化交易平台",即可以通过官方认定的链接进入聚宽量化交易平台,注意"官网"的图标,以免进入错误的平台,如图 2-13 所示。

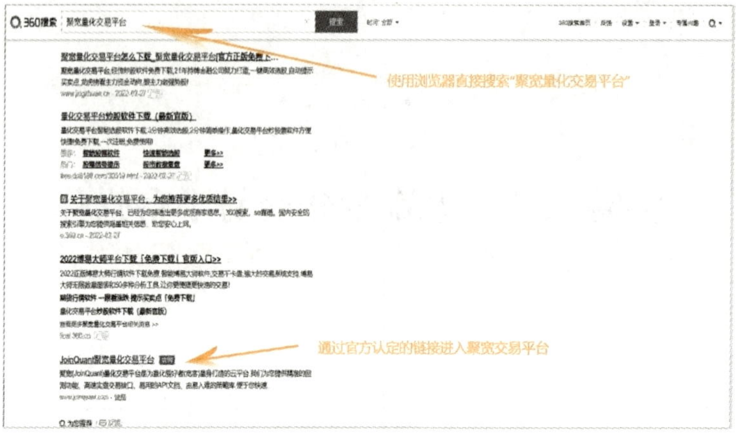

图 2-13　进入聚宽量化交易平台

进入交易平台需注册独立的交易账号，以方便日后使用，并保护用户的交易代码、交易数据等个人隐私。

用户根据平台要求，使用手机号进行注册，获取验证码，登录聚宽交易平台，根据平台要求设置密码及昵称，密码要求同时使用字母大小写与数字，在进行密码设置时应注意记忆，二次登录时需要使用电话号码和密码登录。平台对于昵称并未做具体要求，但应遵守法律的相关规定。（为方便教学，本书使用"学生 100"作为账号昵称。）

交易账号注册流程如图 2-14 至图 2-16 所示。

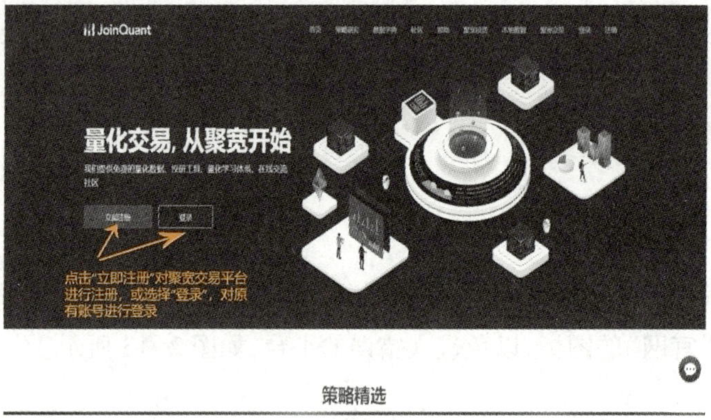

图 2-14　注册账号(1)

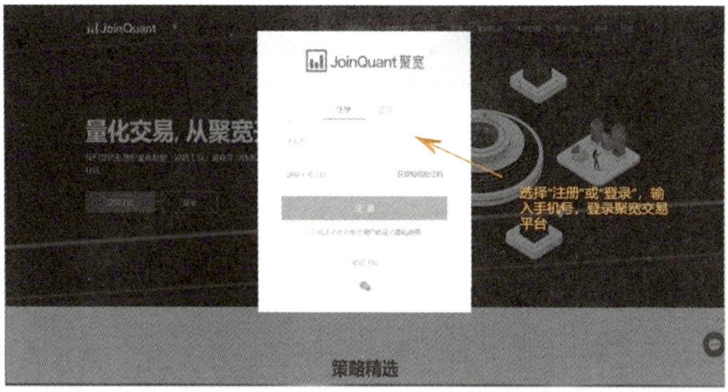

图 2-15 注册账号(2)

图 2-16 注册账号(3)

(二)个人主页

完成登录进入个人主页，平台对于新用户平台提供新手指引，学生也可以根据自身的实际情况进行选择和使用。

个人主页一共分为三个部分，分别是：我的模拟策略、我的策略和我的研究文件。用户可以在“我的模拟策略”中进行策略的编写，平台对于编程语言的运用基础要求较高，适合具有编程基础的用户。

平台在“我的策略”中提供了数个现成的交易程序，以不同的交易理论为基础，以适应不同用户的需求。平台对程序的每一个步骤进行了解释说明，以方便学生理解运用。

“研究文件”主要提供了一个程序编写的试运行环境，在研究文件中编写策略代码，进行运行检测，运行无误后放入模拟策略进行历史数据回测和实盘数据运行。

个人主页如图 2-17 所示。

图 2-17　个人主页

1. 我的模拟策略

点击"去创建"进入模拟列表创建模拟策略，创建完成可以放入模拟位，使用实盘数据进行策略的收益率等数值的检验，非会员用户可以免费使用 3 个模拟位，模拟策略从后一天开始运行，放入模拟位当天并不会产生交易数据。

新建模拟策略如图 2-18 所示。

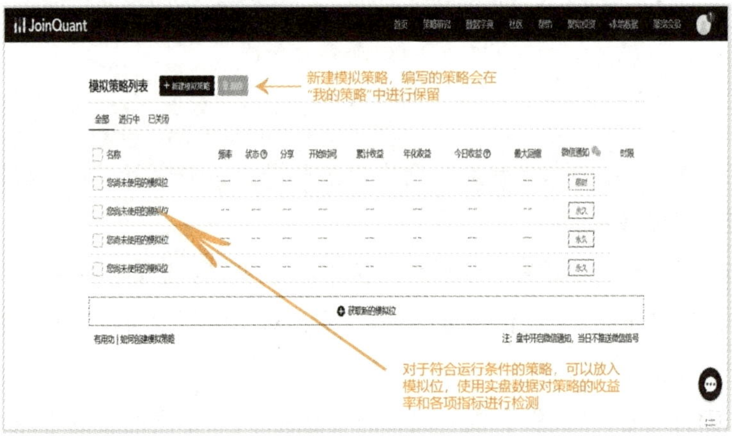

图 2-18　新建模拟策略

新建模拟策略有较高的自主性,学生完全可以根据自己的策略编写相应的模拟数据,运行频率也可以自行设定,可以是每天或者每分钟。相应模拟数据编写如图 2-19 所示。

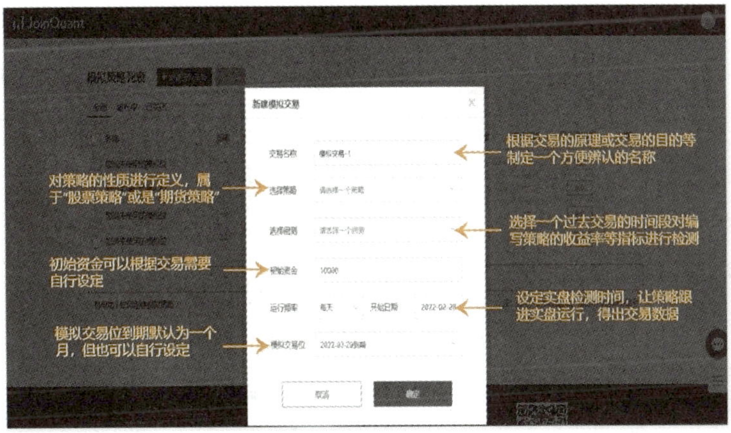

图 2-19　相应模拟数据编写

2. 我的策略

在策略列表中新建策略,选择策略性质,新建策略带有简单的基础代码,可以自行调用,也可以删除废弃,如图 2-20、图 2-21 所示。

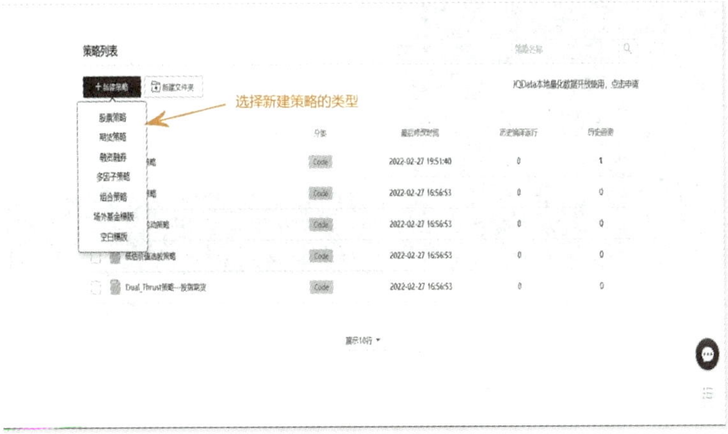

图 2-20　新建策略

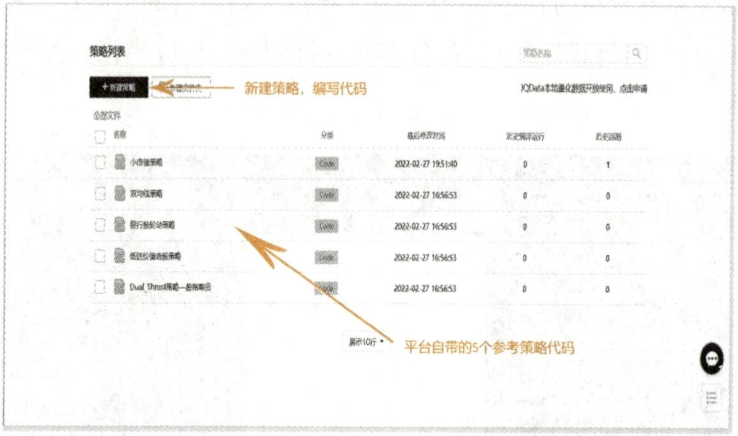

图 2-21　选择新建策略类型

新建策略在进行编写时可以通过“编译运行”检测策略是否存在错误，如果存在错误，会在右下角显示。如果编写的策略代码存在错误或者设定指标不正确，程序将无法进行回测，或者回测后无数据，如图 2-22 所示。

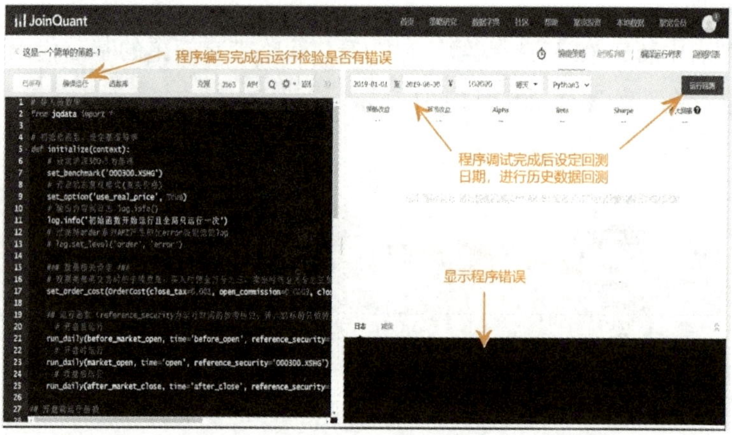

图 2-22　检测策略

策略编写无误后可以设定日期，利用过去的交易数据检测策略收益是否符合预期，相关指标是否正常，所设定日期内必须含有交易日，同时尽可能多次选取较长时间段进行检测，以避免突发事件对于回测数据的影响，增强数据的可信度，如图 2-23 所示。

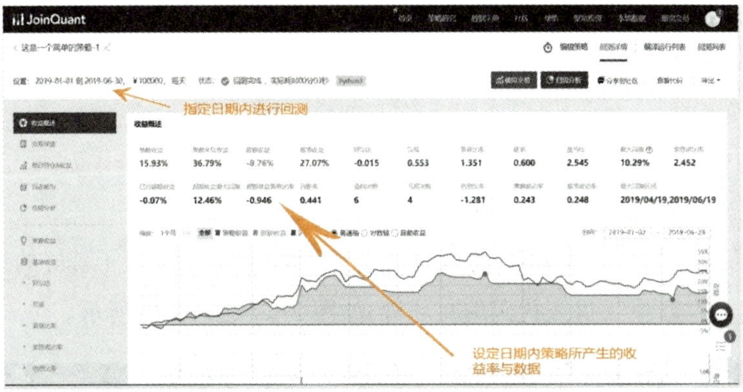

图 2-23　设定日期

回测数据趋于合理或已经进行修改后，将策略放入模拟位中，使用实盘数据检测策略的收益率和财务数据，进一步进行调整，完善交易策略，如图 2-24 所示。

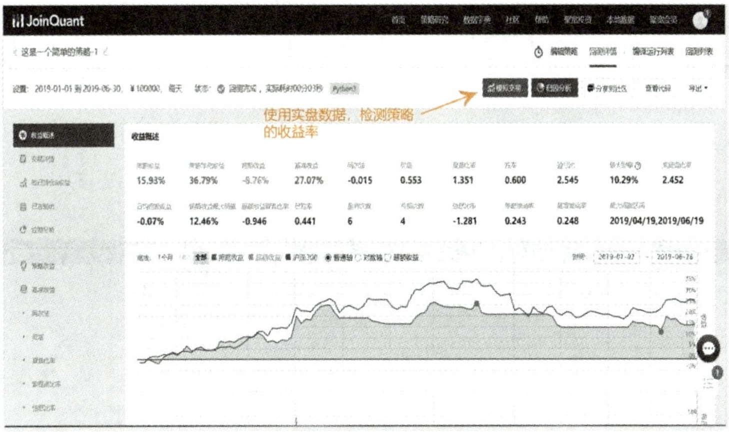

图 2-24　完善交易策略

模拟当日不会产生交易数据，次日才会产生数据，法定节假日延后。

实盘模拟策略会在个人主页显示。

（三）策略研究

1. 研究环境

点击“策略研究”，进入研究环境。

聚宽交易平台内置了 Jupyter，可以直接进行代码的编写，提供了良好的编写环境。

点击右上角“新建”，进入代码编写环境，如图 2-25、图 2-26 所示。

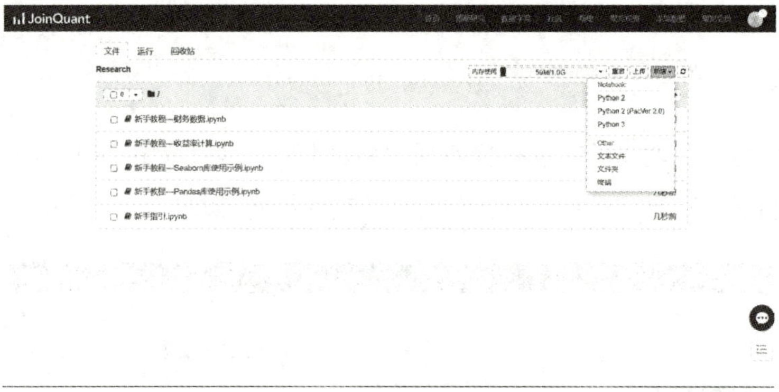

图 2-25 进入代码编写环境（1）

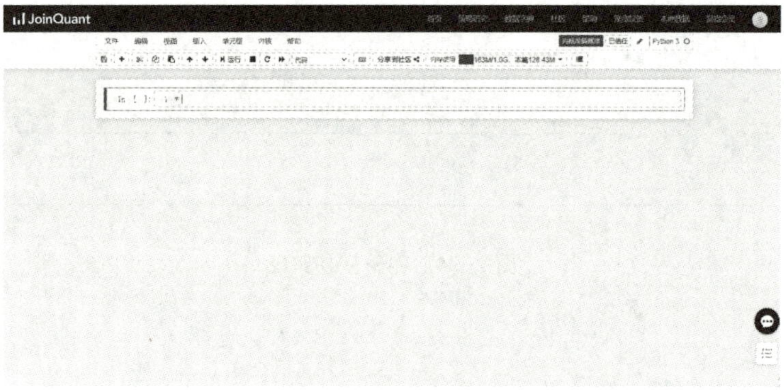

图 2-26 进入代码编写环境（2）

2. API 文档

API（application programming interface，应用程序编程接口）是一些预先定义的函数，目的是提供应用程序与开发人员基于某软件或硬件得以访问一组例程的能力，而又无须访问源码,或理解内部工作机制的细节。

API 文档是一个技术内容交付文件,包含如何有效地使用和集成 API 的说明。它是一个简明的参考手册,包含了使用 API 所需的所有信息,详细介绍了函数、类、返回类型、参数等,并有教程示例支撑。

API 文档传统上是使用常规内容创建和维护工具以及文本编辑器完成的。API 描述格式如 OpenAPI /Swagger 规范,具有自动文档编制流程,它使得团队更容易生成和维护 API 文档。

点击策略研究中的“API 文档”进入 API 文档查找所需函数。

编译页面可以直接使用快捷键“Ctrl+F”打开 API 文档,在输入框中能输入所需函数,查找相关知识。

API 文档中的函数或参数并非都可以在投资研究模块中调用,如对象、策略程序架构等不能在投资研究模块中使用,进行策略研究时应注意区分,如图 2-27、图 2-28 所示。

图 2-27　操作演示(1)

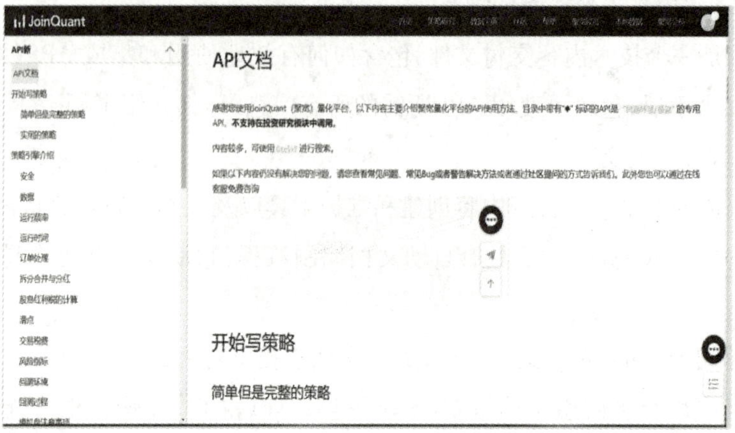

图 2-28　操作演示(2)

(四)数据字典

点击右上角"数据字典",进入平台提供的数据字典,如图 2-35 所示。字典一共分为 15 个版块(股票数据、行业概念数据、指数数据、宏观经济数据、期货数据、期权数据、场内基金数据、场外基金数据、技术分析数据、Alpha101 因子、Alpha191 因子、聚宽因子库、舆情数据、JQData、债券数据),分别提供了相应品种的量化数据,可以根据需要进行调用,如图 2-29 所示。

图 2-29　进入"数据字典"

图 2-30　字典版块

选择数据版块，根据数据分类，获取相应的概况、数据和调用方法，如图 2-31 所示。

图 2-31　选择相应版块，获取数据

（五）聚宽社区

1. 文章与问答

问答功能如图 2-32 所示。

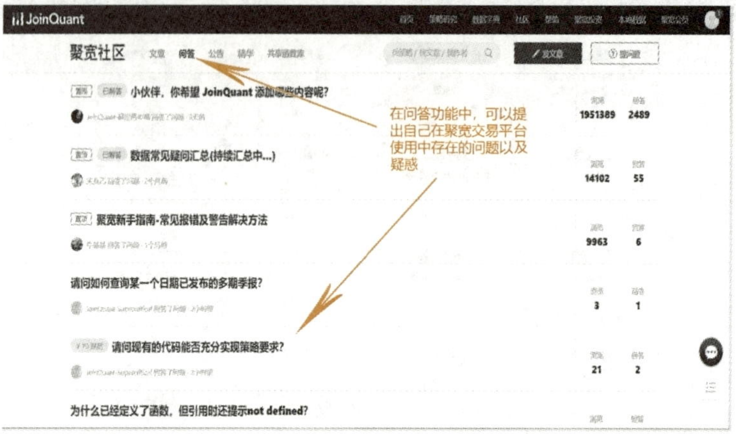

图 2-32　问答功能

点击右上角的导航窗口即可以进入“聚宽社区”，在社区中可以浏览平台推送的文章，提出疑问，有专业的工作人员或者同平台的用户进解答，既可以提问也可以帮助其他学生或用户解答问题。

2. 公告

公告主要发布重大的行业信息或平台信息，可以进行浏览或发表，如图 2-33 所示。

图 2-33　公告功能

3. 精华

对于公示中较为重要和阅读量较多的文章和消息会保存在“精华”中,“精华”功能可以过滤掉不太重要的消息,提高效率,如图 2-34 所示。

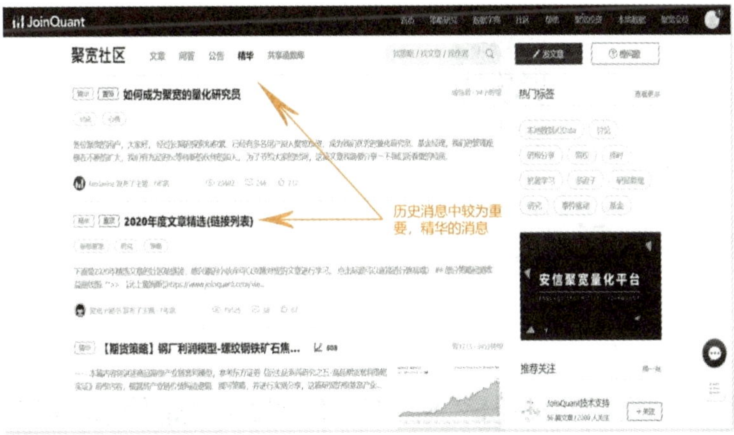

图 2-34　精华功能

4. 共享函数库

进入共享函数库可以查阅其他用户发表的函数或自行发表的函数。

(六) 帮助

1. 新手指南

平台首页的新手指南只会在新用户注册后存在一段时间,如果之后仍然需要阅读“新手指南”,可以通过“帮助”功能阅读查找,如图 2-35、图 2-36 所示。

图 2-35　进入新手指引

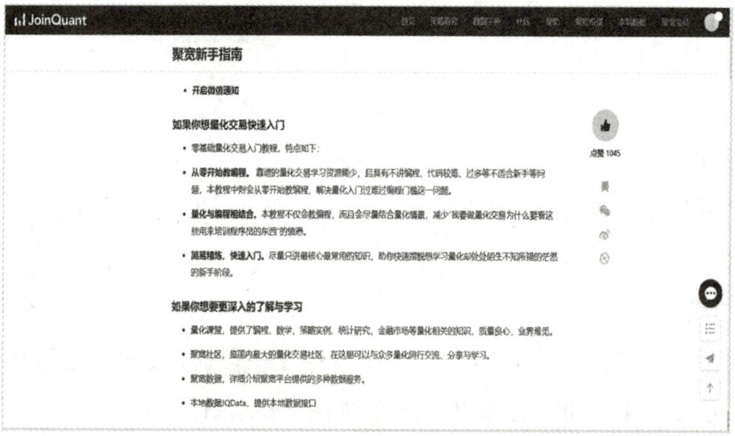

图 2-36　阅读新手指南

2. 常见问题

聚宽社区中虽然可以提问，但是需要平台工作人员或其他用户进行解答回复，效率较低，对于平台使用中出现的问题可以先行查阅“常见问题”，如果“常见问题”中没有类似问题仍然无法解答疑惑，可以在聚宽社区进行提问或联系工作人员，如图 2-37 所示。

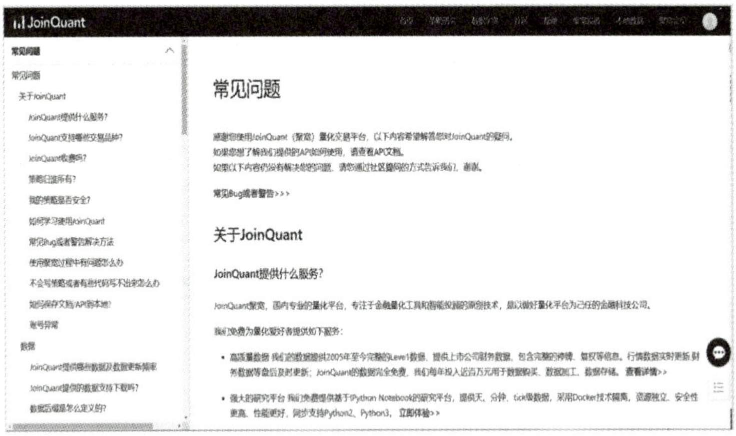

图 2-37　常见问题功能

3. API 文档

平台的 API 文档可以通过“策略研究”中的“API 文档”查看,也可以使用快捷键“Ctrl+F”或通过“帮助”查看。

4. 因子分析

“帮助”中提供了因子分析的定义和一些基础概念及知识点的介绍,用户可根据个人情况自行查阅和使用,如图 2-38 所示。

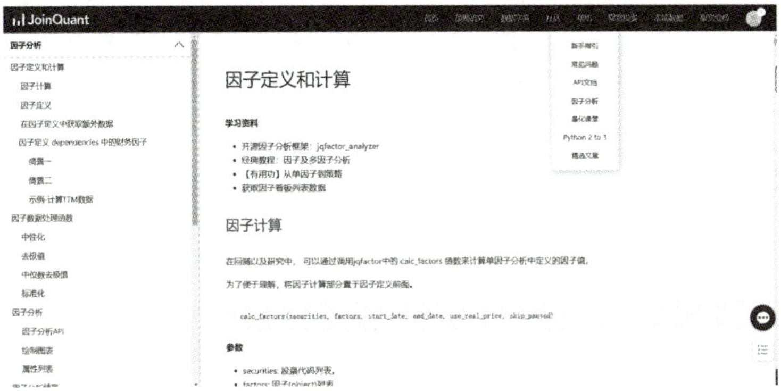

图 2-38　因子分析

5. 聚宽课堂

“聚宽课堂”一共提供了新手专区、Python 编程、策略与应用、教学课堂、经济与市场五个部分的学习课程,用户可以根据自身情况自行选择。

6. Python 2 to 3 代码在线转换

路径:首页 — 帮助 — Python 2 to 3。

7. 精选文章

“帮助”中提供了精选文章,但是该文章区别于聚宽社区中的“精华”,该文章由平台提供,需要付费阅读。

四、实验任务及要求

1. 从平台中获取可操作程序进行简要解释,通过本实验的操作,撰写 3 000 字的聚宽平台的功能说明。

2. 比较聚宽量化交易平台与同花顺量化交易平台的异同。

项目三

聚宽量化平台
重要功能模块实验

实验一　读取 context 中的数据及运用

一、实验目标与要求

1. 通过实验理解 context 的含义。
2. 通过该实验的学习掌握 context 对象中子对象的调用。

二、实验相关知识

context 是一个回测系统建立的 context 类型的对象，其中存储了如当前策略运行的时间点、所持有的股票、数量、持仓成本等数据。

对象可以理解为特殊类型的变量，对象的结构往往比我们之前见过的 list 与 dict 更复杂，被定义好的对象是有名字的，比如 context 是一个变量，它的变量类型是一个 context 类型的对象，就像 dict 包括 key 与 value，context 类型的对象也包括很多属性，而且可以嵌套另一种类型的对象，结构如图 3-1 所示。图中只包括了主要与常用的内容，详细介绍可以看 API 文档：context 对象。

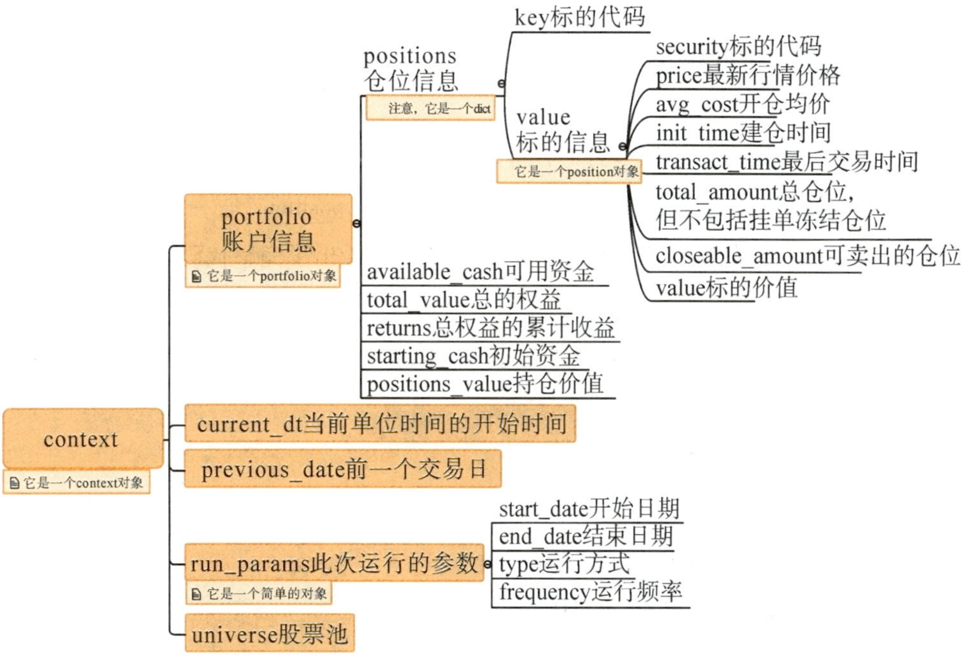

图 3-1　结构图

三、实验案例

1. context 中的数据取用方法

获取对象类型变量内包含的数据的方法是用英文句号隔开，而当包含的是另一个对象时，只须再用英文句号隔开即可，例子如下：

```
# 打印可用资金
print(context.portfolio.available_cash)
# 打印运行频率
print(context.run_params.frequency)
# 打印当前单位时间的开始时间
print(context.current_dt)
# 执行后日志内容如下
# 1000000.0
```

```
# day
# 2016-06-01 09:30:00
```

当要获取的对象内的数据是另一种有结构的变量类型时，比如 dict 或 list，正常按照该变量类型进一步取用数据即可。例如 context.portfolio.positions 是一个 dict，我们就可以应用之前讲过的 dict 的用法来使用它，例子如下，这次给出了完整代码。

```
# context.portfolio.positions 的含义是仓位信息，所以为了让它有数据，需要在取之前买入并持有股票。

def initialize(context):
    run_daily(period,time='every_bar')
    g.security = '000001.XSHE'

def period(context):
    order(g.security, 100)
    # 打印所有键
    print(context.portfolio.positions.keys())
    # 打印所有值
    print(context.portfolio.positions.values())
    # 打印 g.security 的开仓均价
    print(context.portfolio.positions[g.security].avg_cost)

# 执行后日志内容如下
# ['000001.XSHE']
# [UserPosition({'avg_cost': 8.539999999999997, 'security': '000001.XSHE', 'closeable_amount': 0, 'price': 8.53, 'total_amount': 100})]
# 8.54
```

2. 常用的 context 数据写法

当前时间 context.current_dt

当前时间的“年-月-日”的字符串格式 context.current_dt.strftime("%Y-%m-%d")

前一个交易日 context.previous_date

当前可用资金 context.portfolio.available_cash

持仓价值 context.portfolio.positions_value

累计收益 context.portfolio.returns

当前持有股票 context.portfolio.positions.keys()

当前持有的某股票的开仓均价 context.portfolio.positions['xxxxxx.xxxx'].avg_cost

当前持有的某股票的可卖持仓量 context.portfolio.positions['xxxxxx.xxxx'].closeable_amount

3. 止损

狭义的止损是指当亏损达到一定幅度后下单卖出该股票的操作,目的是减少进一步的亏损。广义的止损则指在狭义的思路上衍生的复杂的减少亏损的方法。更多的情况下止损采用狭义的解释。综合运用前文讲过的内容我们已经可以实现当亏损达到一定幅度后,下单卖出该股票的止损操作了,不妨先自己思考下再继续学习。

通过 context 的数据可以得到持有股票的成本和现价,通过这些数据可以算出该股票的盈亏情况,运用条件判断语句根据盈亏情况可以决定是否卖出股票,从而实现止损操作,代码如下:

```
def initialize(context):
    run_daily(period,time='every_bar')
    g.security = '000001.XSHE'


def period(context):
    # 买入股票
    order(g.security, 100)
    # 获得股票持仓成本
    cost=context.portfolio.positions['000001.XSHE'].avg_cost
```

```
# 获得股票现价
price=context.portfolio.positions['000001.XSHE'].price
# 计算收益率
ret=price/cost-1
# 打印日志
print('成本价:%s' % cost)
print('现价:%s' % price)
print('收益率:%s' % ret)
# 如果收益率小于-0.01,即亏损达到1%则卖出股票,幅度可以自己调,一般为10%
if ret<-0.01:
    order_target('000001.XSHE',0)
    print('触发止损')
```

设置回测时间为从 2017-03-01 到 2017-03-31,初始资金为 100 000 元,频率为天。回测发现会在 2017-03-20 触发止损。

四、实验任务及要求

1. 写一个策略,内容为在 2018 年 3 月 1 日买入一只股票,在 2018 年 3 月 21 日卖出一只股票。股票可以自己定。试着根据止损的例子实现止盈,即当盈利达到一定幅度后下单卖出股票。

2. 写一个自定义函数,功能是判断一个年份是不是闰年。闰年的定义为:普通年(不能被 100 整除的年份)能被 4 整除的为闰年。(如 2004 年是闰年,1999 年不是闰年);世纪年(能被 100 整除的年份)能被 400 整除的是闰年。(如 2000 年是闰年,1900 年不是闰年)。[提示:利用取余运算(%)判断是否整除。]

实验二 Query的简单教程

一、实验目标与要求

1. 掌握 Query 的基本方法。
2. 能够利用 Query 的基本语句对标的物进行条件筛选。

二、实验相关知识

1. 数据库查询

涉及使用数据库操作的数据有：

get_fundamentals（股票单季度财务数据）

finance（股票数据、基金数据等）

opt（期权数据）

macro（宏观数据）

jy（聚源数据）

bond（债券数据）

2. 基本的查询方式

query( ) 填写需要查询的对象，可以是整张表，也可以是表中的多个字段或计算出的结果。

filter 填写过滤条件，多个过滤条件可以用逗号隔开，或者用 and、or 这样的语法。

order_by 填写排序条件

.desc( ) 降序排列

.asc( ) 升序排列

limit 限制返回的个数

group_by 分组统计

三、实验案例

1. 查询 000001 2015—2017 年的整张合并利润表,且满足 net_profit(净利润) < 0 的条件

```
from jqdata import finance
q = query(finance.STK_INCOME_STATEMENT).filter(
finance.STK_INCOME_STATEMENT.code=='000783.XSHE',
#选定股票  000783.XSHE
    finance.STK_INCOME_STATEMENT.end_date>'2005-01-01',
#指定查询时间段大于 2005 年 1 月 1 日
    finance.STK_INCOME_STATEMENT.end_date<'2018-01-01',
#指定查询时间段小于 2018 年 1 月 1 日
    finance.STK_INCOME_STATEMENT.net_profit<0,
#指定查询到的数据中 net_profit 为负
    finance.STK_INCOME_STATEMENT.report_type==0,
#指定报告期类型为本期
    ).order_by(finance.STK_INCOME_STATEMENT.end_date.desc()).limit(5)
#根据 end_date 降序排序,并返回前 5 条数据
finance.run_query(q)
get_fundamentals
#获取某个/多个季度/年度的数据(指定参数 statDate)
```

2. 查询平安银行2014年4~6月份的单季度报表

```
q = query(
        income.statDate,
        income.code,
        income.basic_eps,
        cash_flow.goods_sale_and_service_render_cash
  ).filter(income.code == '000001.XSHE')
  ret = get_fundamentals(q, statDate='2014q2')
ret
  statDate       code         basic_eps   goods_sale_and_service_render_cash
2014-06-30   000001.XSHE    0.35                        NaN
```

```
# 查询平安银行2014年的年报
q = query(
        income.statDate,
        income.code,
        income.basic_eps,
         cash_flow.goods_sale_and_service_render_cash).filter(income.code ==
'000001.XSHE')
ret = get_fundamentals(q, statDate='2014')
ret

  statDate       code         basic_eps   goods_sale_and_service_render_cash
2014-12-31   000001.XSHE    1.73                        NaN
```

```
# 查询平安银行2014年四个季度的季报，放到数组中并拼接为dataframe
q = query(
        income.statDate,
        income.code,
```

```
        income.basic_eps,
        balance.cash_equivalents,
        cash_flow.goods_sale_and_service_render_cash
    ).filter(income.code == '000001.XSHE',)
rets = [get_fundamentals(q, statDate='2014q'+str(i)) for i in range(1, 5)]
import pandas as pd
pd.concat(rets)
```

statDate	code	basic_eps	cash_equivalents	goods_sale_and_service_render_cash
2014-03-31	000001. XSHE	0. 53	2. 581100e+11	NaN
2014-06-30	000001. XSHE	0. 35	2. 596040e+11	NaN
2014-09-30	000001. XSHE	0. 49	2. 773250e+11	NaN
2014-12-31	000001. XSHE	0. 36	3. 062980e+11	NaN

in_ 判断某个字段的值是否在列表之中(一般用于查询多个标的)

```
stocks = ['000001.XSHE','600741.XSHG','600507.XSHG']
q = query(balance.code,balance.pubDate,balance.statDate,
# 指定返回的字段只包括 code,pubDate,statDate,total_assets 及 total_sheet_owner_equities
        balance.total_assets,balance.total_sheet_owner_equities).filter(
        balance.code.in_(stocks))   #指定查询到的数据只包括 code 在 stocks 中的数据)
get_fundamentals(q,date='2018-01-05')   #查询单季度数据中在 2018-01-05 之前发布的数据,没有未来函数
```

.dataframe thead tr:only-child th { text-align: right; } .dataframe thead th { text-align: left; } .dataframe tbody tr th { vertical-align: top; }

code	pubDate	statDate	total_assets	total_sheet_owner_equities
000001. XSHE	2017-10-21	2017-09-30	3. 137481e+12	3. 137481e+12
600507. XSHG	2017-10-24	2017-09-30	1. 041599e+10	1. 041599e+10

600741. XSHG　2017-10-27　2017-09-30　1. 153612e+11　1. 153612e+11

distinct 去重,用于查看数据库中某个字段都存在哪些值

```
# 查看十大流通股东中都有哪些类别
from jqdata import finance
q = query(finance.STK_SHAREHOLDER_FLOATING_TOP10. shareholder_class_id.distinct(),  #提取 ID 不同的数据
        finance.STK_SHAREHOLDER_FLOATING_TOP10. shareholder_class,
            ).order_by(finance.STK_SHAREHOLDER_FLOATING_TOP10. change_reason_id)
df = finance.run_query(q)
df.tail()
```

anon_1	shareholder_class
23307012	银行
24307024	银行和上市公司
25307025	信托投资管理公司和上市公司
26307024	上市公司和银行
27307027	银行和 QFII

3. 运算和命名(label)

```
# label 的作用是为获得数据的标签命名,一般用于直接运算后的重命名
q = query(indicator.code.label('股票代码'),
          indicator.operating_profit.label('get_operating_profit'),
          (income.total_operating_revenue - income.total_operating_cost).label('my_operating_profit')
          ).filter(indicator.code=='600507. XSHG')
```

get_fundamentals(q)

.dataframe thead tr:only-child th { text-align: right; } .dataframe thead th { text-align: left; } .dataframe tbody tr th { vertical-align: top; }

股票代码	get_operating_profit	my_operating_profit
600507. XSHG	1. 329762e+09	1. 329762e+09

4. or_ 或查询

from sqlalchemy.sql.expression import or_

df=get_fundamentals(query(valuation.code, valuation.market_cap, valuation.pe_ratio).filter(or_(valuation.market_cap < 10,valuation.pe_ratio > 1000)))

查询当天总市值小于 1 000 亿元或市盈率大于 10 亿元的所有股票

df.tail()

.dataframe thead tr:only-child th { text-align: right; } .dataframe thead th{ text-align: left; } .dataframe tbody tr th { vertical-align: top; }

codemarket_cappe_ratio

23	300336. XSHE	32. 8136	2772. 8604
24	600127. XSHG	30. 1638	1195. 8562
25	600462. XSHG	8. 3803	-3. 0123
26	601008. XSHG	46. 6999	3504. 9221
27	603718. XSHG	87. 9060	1225. 4053

5. 简化计算的方法(sqlalchemy.sql.func) 和 group_by

func 中的函数可以完成常用的一些计算,配合 group_by 完成简单的统计

下边以简单计算股票池/全市场每天的权重市盈率(PE)、平均市净率(PB)为例。

(当然,这个计算中有一些细节并没有考虑到,实际还是以官方数据为准,可以通过

聚源数据获取，具体方法后文会有演示。）

```
from sqlalchemy.sql import func
from jqdata import finance
stocks = get_index_stocks('000016.XSHG')
q = query(valuation.day,
#              func.count('*'),
# 信息条数(也就是股票数量)
          (func.count()/func.sum(1/valuation.pe_ratio)).label('avg_pe'),
# 等权重 pe
          (func.count()/func.sum(1/valuation.pb_ratio)).label('avg_pb'),
# 等权重 pb
        ).group_by(valuation.day
                ).filter(
    valuation.pe_ratio>0,    #排除亏损的
    valuation.pb_ratio>0,
    valuation.day>'2009-12-01',   #设置一个时间
    valuation.code.in_(stocks)    #设置股票池,注释即为全市场
    )
df = finance.run_query(q)
df.set_index('day',inplace=True)
df.tail()
```

.dataframe thead tr:only-child th { text-align: right; } .dataframe thead th { text-align: left; } .dataframe tbody tr th { vertical-align: top; }

day	avg_pe	avg_pb
2019-01-16	10.081409	1.295044
2019-01-17	10.036275	1.289927

```
2019-01-18        10.201209        1.309428
2019-01-21        10.262107        1.314957
2019-01-22        10.262107        1.314957
```

查询中证指数行情（包含指数市值、市盈率、股息率以及红利等指数）

```
import  pandas as pd
def get_zz_quote(code,end_date=None,count=None,start_date=None):
'''获取中证指数行情、包含市值、市盈率、股息率,返回 panel 结构 ,更多指数估值指标可以查询 LC_IndexDerivative '''
    if isinstance(code,str):
        code=[code]
    code.sort()
    code = [x[:6] for x in code]
    days = get_trade_days(start_date,end_date,count)
    code_df = jy.run_query(query(
         jy.SecuMain.InnerCode,jy.SecuMain.SecuCode,jy.SecuMain.ChiName
        ).filter(
        jy.SecuMain.SecuCode.in_(code)).order_by(jy.SecuMain.SecuCode))
    df = jy.run_query(query(
            jy.QT_CSIIndexQuote).filter(
            jy.QT_CSIIndexQuote.IndexCode.in_(code_df.InnerCode),
            jy.QT_CSIIndexQuote.TradingDay.in_(days),
            ))
    df2  = pd.merge(code_df, df, left_on='InnerCode',right_on='IndexCode').set_index(['TradingDay','SecuCode'])
    df2.drop(['InnerCode','IndexCode','ID','UpdateTime','JSID','OpenInterest','SettleValue','IndexCSIType'],axis=1,inplace=True)
    return df2.to_panel()
```

```
panel = get_zz_quote(['000016.XSHG','000001.XSHG'],end_date='2019-01-21',
count=10)
panel.ClosePrice.tail()
```

SecuCode	000001	000016
TradingDay		
2019-01-15	2570.3449	2378.3696
2019-01-16	2570.4221	2381.2178
2019-01-17	2559.6370	2371.3481
2019-01-18	2596.0056	2417.3630
2019-01-21	2610.5094	2432.4870

多个 dataframe 的合并（数据拼接）获取多份财务报表

```
#获取多年的季度数据
import pandas as pd
def get_more_state_fund(q_object,year_list):
    df_list = []
    for year in year_list:
        rets = [get_fundamentals(q, statDate=str(year)+'q'+str(i)) for i in range
(1, 5)]
        df = pd.concat(rets).set_index('statDate')  #个人习惯
        df_list.append(df)
    df_ = pd.concat(df_list,keys=year_list,axis=0)
#axis=1 或 axis=0,依据个人习惯
    return df_
q = query(
    indicator.code,
```

```
        indicator.statDate,
      indicator.roe,
      indicator.inc_return,
      indicator.pubDate,
    ).filter(
        income.code.in_(['000001.XSHE','600507.XSHG']))
df = get_more_state_fund(q,['2017','2018'])
# df.loc[('2014',slice(None))]
Df
```

coderoeinc_returnpubDate

statDate

2017

2017-03-31	000001. XSHE	3. 0319	3. 0309	2017-04-22
2017-03-31	600507. XSHG	10. 2024	10. 0997	2017-04-22
2017-06-30	000001. XSHE	3. 0249	3. 0058	2017-08-11
2017-06-30	600507. XSHG	14. 0929	14. 2133	2017-08-19
2017-09-30	000001. XSHE	3. 0724	3. 0813	2017-10-21
2017-09-30	600507. XSHG	24. 2866	23. 9243	2017-10-24
2017-12-31	000001. XSHE	1. 8339	1. 8320	2018-03-15
2017-12-31	600507. XSHG	22. 9191	19. 8184	2018-02-09

2018

2018-03-31	000001. XSHE	2. 9611	2. 9431	2018-04-20
2018-03-31	600507. XSHG	13. 6345	13. 6067	2018-04-21
2018-06-30	000001. XSHE	3. 0000	3. 0000	2018-08-16
2018-06-30	600507. XSHG	19. 9900	19. 7200	2018-08-18
2018-09-30	000001. XSHE	3. 0600	3. 0300	2018-10-24

2018-09-30	600507. XSHG	21. 2400	21. 1700	2018-10-25
2018-12-31	000001. XSHE	1. 8400	1. 8300	2019-03-07
2018-12-31	600507. XSHG	10. 4100	10. 2300	2019-02-22

四、实验任务与要求

1. 从沪深 300 股票指数成分股中获取 PE 最大的三只股票,并获取实验时该三只股票的当下净资产值。

2. 从上证 50 股票指数成分股中选取 PB 值在 5 ~ 10 的股票,并获取实验时的收盘价。

实验三 新闻信息获取

一、实验目标与要求

1. 掌握基本的信息获取语句。

2. 能够利用信息获取语句获取主要信息网站中的信息。

二、实验相关知识

新闻联播文本数据。

```
from jqdata import *
```

finance.run_query(query(finance.CCTV_NEWS).filter(finance.CCTV_NEWS.day == '2019-02-19').limit(n))

获取新闻联播每日播报的新闻文本数据,数据来源:央视新闻联播频道。时间范围:2009 年 6 月 26 日至今。

参数:

query(finance.CCTV_NEWS)表示从 finance.CCTV_NEWS 这张表中查询新闻联播的新闻文本数据,还可以指定所要查询的字段名。格式如下:query(库名.表名.字段名 1,库名.表名.字段名 2),多个字段用逗号分隔进行提取;query 函数的更多用法详见:sqlalchemy.orm.query.Query 对象。

finance.CCTV_NEWS 收录了新闻联播每日播报的新闻文本数据,表结构和字段信息如下:

字段统计

字段名称	中文名称	字段类型	非空	描述
Day	日期	date	Y	
title	标题	varchar(200)	Y	
content	正文	varchar(5000)		

filter(finance.CCTV_NEWS.day == '2019-02-19'):指定筛选条件,通过 finance.CCTV_NEWS.day == '2019-02-19' 可以指定你想要查询的某天的新闻联播的新闻文本数据;除此之外,还可以对表中其他字段指定筛选条件,如 finance.CCTV_NEWS.title.like('%新春%'),表示标题中包含'新春'的新闻文本数据;多个筛选条件用英文逗号分隔。

limit(n):限制返回的数据条数,n 指定返回条数。

返回结果:

返回一个 dataframe,每一行对应数据表中的一条数据,列索引是您所查询的字段名称。

注意:

为了防止返回数据量过大,我们每次最多返回 3 000 行。

不能进行连表查询,即同时查询多张表的数据。

三、实验案例

```
#查询 day==2019-02-19 的新闻联播文本内容
from jqdata import *
df=finance.run_query(query(finance.CCTV_NEWS).filter(finance.CCTV_NEWS.day=
='2019-02-19').limit(10))
print(df)
```

	id	day	title
0	77833	2019-02-19	【央视快评】推动深度融合 加快建设新型主流媒体
1	77828	2019-02-19	【领航新时代】安徽:树作风标杆 谋发展之变
2	77829	2019-02-19	中共中央 国务院关于坚持农业村优先发展 做好“三农”工作的若干意见
3	77830	2019-02-19	人民日报社论:决胜全面建成小康社会推进乡村全面振兴
4	77836	2019-02-19	国内联播快讯
5	77838	2019-02-19	国际联播快讯
6	77832	2019-02-19	守正创新 壮大主流舆论阵地
7	77831	2019-02-19	栗战书与伊朗伊斯兰议会议长举行会谈
8	77837	2019-02-19	欧盟就对俄新制裁达成共识
9	77834	2019-02-19	赏灯游园庆佳节 欢欢喜喜闹元宵

content

0 本台今天刊播央视快评《推动深度融合 加快建设新型主流媒体》。 \r\n
...

1 2014 年 3 月 9 日,习近平总书记在参加十二届全国人大二次会议安徽代表团审议时指出:各...

2 中共中央、国务院日前发出《关于坚持农业农村优先发展 做好“三农”工作的若干意见》。…

3 明天出版的人民日报将发表社论,题目是《决胜全面建成小康社会 推进乡村全面振兴》。 ...

4 \r\n 人民银行:首单银行永续债顺利发行 \r...

5 \r\n 叙鲁克班干难民营开人道主义通道 \r\...

6 三年前的2月19日,习近平总书记考察中央主要新闻媒体,主持召开党的新闻舆论工作座谈会...

7 全国人大常委会委员长栗战书19日在人民大会堂与伊朗伊斯兰议会议长拉里贾尼举行会谈。...

8 欧盟外交和安全政策高级代表莫盖里尼18日表示,欧盟国家已经达成共识,将就俄乌刻赤海峡...

9 正月十五元宵佳节,人们走出家门游园赏灯闹元宵,感受传统文化的魅力。\r\n ...

```
#进一步获取新闻正文内容
print(df.iloc[2,3])
```

中共中央、国务院日前发出《关于坚持农业农村优先发展 做好“三农”工作的若干意见》(以下简称《意见》)。《意见》指出,今明两年是全面建成小康社会的决胜期,“三农”领域有不少必须完成的硬任务。党中央认为,在经济下行压力加大、外部环境发生深刻变化的复杂形势下,做好“三农”工作具有特殊重要性,必须坚持把解决好“三农”问题作为全党工作重中之重不动摇。

《意见》提出,要聚力精准施策,决战决胜脱贫攻坚,不折不扣完成脱贫攻坚任务,咬定既定脱贫目标,落实已有政策部署,到2020年确保现行标准下农村贫困人口实现脱贫、贫困县全部摘帽、解决区域性整体贫困。要夯实农业基础,保障重要农产品有效供给;要扎实推进乡村建设,加快补齐农村人居环境和公共服务短板;要发展壮大乡村产业,拓宽农民增收渠道;要全面深化农村改革,激发乡村发展活力;要完善乡村治理机制,保持农村社会和谐稳定;要发挥农村党支部战斗堡垒作用,全面加强农村基层组织建设。

要加强党对“三农”工作的领导,落实农业农村优先发展总方针,发挥好农民主体作用,让农民更多参与并从中获益。

四、实验任务及要求

1. 获取 CCTV-2《经济信息联播》节目中的当日数据。
2. 获取国家统计局最近一年的经济数据。

项目四

股票实验

实验一　股票历史价格的获取

一、实验目标与要求

1. 利用 get_price( )函数获取个别及有限股票的交易基本信息。
2. 理解 get_price( )函数参数的含义及获取方法。

二、实验相关知识

get_price( )函数:

get_price(security, start_date = None, end_date = None, frequency = ′daily′, fields = None, skip_paused = False, fq = ′pre′, count = None, panel = True, fill_paused = True)

参数含义:

security: 一只股票代码或者一只股票代码的 list。

count: 数量,返回的结果集的行数,即表示获取 end_date 之前几个 frequency 的数据。

start_date: 字符串或者 datetime.datetime/datetime.date 对象,开始时间。

count 与 start_date 二选一,不可同时使用。如果 count 和 start_date 参数都没有,则 start_date 生效,值是′2015-01-01′。注意:当取分钟数据时,时间可以精确到分钟,如传入′2015-01-01 10:00:00′。当取分钟数据时,如果只传入日期,则日内时间是当日的 00:00:00。当取天数据时,传入的日内时间会被忽略。

end_date: 结束时间,默认是′2015-12-31′(格式同上),包含此日期。注意: 当取分钟数据时，如果 end_date 只有日期，则日内时间等同于 00:00:00，所以返回的数据是不包括 end_date 这一天的。

frequency：单位时间长度，现在支持´Xd´（几天），´Xm´（几分钟），´daily´（等同于´1d´），´minute´（等同于´1m´），X 是一个正整数，分别表示 X 天和 X 分钟（不论是按天还是按分钟回测都能拿到这两种单位的数据）。注意：当 X > 1 时，fields 只支持[´open´, ´close´, ´high´, ´low´, ´volume´, ´money´]这几个标准字段，默认值是 daily。

fields：字符串 list，选择要获取的行情数据字段，默认是 None（表示[´open´, ´close´, ´high´, ´low´, ´volume´, ´money´]这几个标准字段），支持 SecurityUnitData 里面的所有基本属性，包含：[´open´, ´close´, ´low´, ´high´, ´volume´, ´money´, ´factor´, ´high_limit´,´low_limit´, ´avg´, ´pre_close´, ´paused´,´open_interest´]，其中 paused 为 1 表示停牌。

skip_paused：是否跳过不交易日期（包括停牌、未上市或者退市后的日期）。如果不跳过，停牌时会使用停牌前的数据填充（具体请看 SecurityUnitData 的 paused 属性），上市前或者退市后数据都为 NAN，但要注意：

1. 默认为 False。

2. 当 skip_paused 是 True 时，获取多个标的时需要将 panel 参数设置为 False（panel 结构需要索引对齐）。

fq（复权选项）。pre：前复权（根据´use_real_price´选项不同含义会有所不同，参见[set_option]），默认是前复权。none：不复权，返回实际价格。post：后复权。

fill_paused：对于停牌股票的价格处理，默认为 True；True 表示用 pre_close 价格填充；False 表示使用 NAN 填充停牌的数据。

get_price()函数返回的数据：

为了方便比较一只股票的多个属性，同时也满足对比多只股票的一个属性的需求，我们在 security 参数是一只股票和多只股票时返回的结构完全不一样（默认 panel = False 时）

注意事项：

获取一只或者多只股票的行情数据（按天或者按分钟），这里在使用时注意 end_date 的设置，传入的值不要大于 context.current_dt，否则会引入未来函数。

为了保持时间轴的一致，函数默认没有跳过停牌的日期，停牌时使用停牌前的数据填充（请看 SecurityUnitData 的 paused 属性）。如想跳过，请使用 skip_paused=True 参数，注意当 panel=True 且获取多标的时不支持（panel 结构需要索引对齐）。

三、实验案例

1. 获取贵州茅台 2021-12-09 到 2021-12-10 的 15 分钟的基础交易信息

```
df=get_price("600519.XSHG",start_date="2021-12-09",end_date="2021-12-10",frequency="15m")
df
```

	open	close	high	low	volume	money
2021-12-09 09:45:00	2054.94	2059.97	2067.00	2046.00	989200.0	2.036410e+09
2021-12-09 10:00:00	2059.98	2051.00	2059.98	2046.51	331500.0	6.798155e+08
2021-12-09 10:15:00	2051.00	2076.32	2077.66	2051.00	473600.0	9.795845e+08
2021-12-09 10:30:00	2076.75	2097.79	2097.86	2073.00	478000.0	9.951923e+08
2021-12-09 10:45:00	2097.00	2089.12	2097.79	2081.20	371400.0	7.761399e+08
2021-12-09 11:00:00	2089.78	2113.33	2113.33	2089.65	706100.0	1.483987e+09
2021-12-09 11:15:00	2114.00	2099.78	2115.24	2093.00	316100.0	6.642405e+08
2021-12-09 11:30:00	2099.79	2092.30	2106.49	2091.07	244600.0	5.133998e+08
2021-12-09 13:15:00	2093.00	2115.00	2115.00	2087.75	430700.0	9.056786e+08
2021-12-09 13:30:00	2115.00	2102.05	2116.51	2095.00	455000.0	9.586801e+08
2021-12-09 13:45:00	2102.05	2099.91	2108.00	2097.16	243900.0	5.126209e+08
2021-12-09 14:00:00	2099.91	2105.83	2108.66	2090.22	238100.0	4.997628e+08
2021-12-09 14:15:00	2105.78	2105.98	2110.03	2100.00	210600.0	4.436772e+08
2021-12-09 14:30:00	2106.36	2096.97	2107.90	2096.91	210700.0	4.427871e+08
2021-12-09 14:45:00	2097.00	2083.60	2097.00	2083.20	372700.0	7.788674e+08
2021-12-09 15:00:00	2083.54	2086.55	2088.00	2083.54	351800.0	7.338807e+08

2. 获取贵州茅台 2021-12-01 到 2021-12-10 的价格

```
df=get_price("600519.XSHG",start_date="2021-12-01",end_date="2021-12-10",frequency="daily")
df
```

	open	close	high	low	volume	money
2021-12-01	1950.00	1932.99	1959.95	1919.02	2625440.0	5.071457e+09
2021-12-02	1940.00	1934.00	1942.15	1919.60	2042182.0	3.939732e+09
2021-12-03	1932.00	1971.88	1988.62	1931.05	3581839.0	7.045848e+09
2021-12-06	1983.00	1967.30	1990.00	1950.00	3106388.0	6.122544e+09
2021-12-07	1980.74	1955.87	1987.87	1946.73	3697989.0	7.286660e+09
2021-12-08	1964.88	2043.00	2045.00	1950.00	6104807.0	1.228510e+10
2021-12-09	2054.94	2086.55	2116.92	2045.00	6423918.0	1.340472e+10
2021-12-10	2060.00	2090.00	2095.78	2056.00	4314822.0	8.944582e+09

这里特别要注意时间的设置,该函数基本解决了股票交易信息的相关问题。

3. 利用 get_price( )获取期货(IC2106.CCFX)日行情和 15 分钟行情

```
df=get_price("IC2106.CCFX",start_date="2021-05-06",end_date="2021-05-15",frequency="daily")
df
```

	open	close	high	low	volume	money
2021-05-06	6439.0	6392.8	6473.8	6359.2	22901.0	2.940638e+10
2021-05-07	6419.6	6384.0	6455.0	6371.2	24015.0	3.080658e+10
2021-05-10	6395.0	6393.8	6433.2	6369.8	19984.0	2.558162e+10
2021-05-11	6370.0	6388.2	6407.0	6287.2	27229.0	3.458062e+10
2021-05-12	6375.0	6448.8	6461.2	6346.0	25473.0	3.260618e+10
2021-05-13	6407.0	6381.4	6435.0	6353.2	27297.0	3.492252e+10
2021-05-14	6409.6	6489.0	6493.6	6365.2	31808.0	4.094832e+10

```
df=get_price("IC2106.CCFX",start_date="2021-05-06",end_date="2021-05-07",frequency="15m")
df
```

	open	close	high	low	volume	money
2021-05-06 09:45:00	6439.0	6439.0	6473.6	6423.4	4543.0	5.859038e+09
2021-05-06 10:00:00	6439.4	6459.2	6468.8	6438.0	1903.0	2.457577e+09
2021-05-06 10:15:00	6459.0	6449.2	6463.4	6448.2	1210.0	1.562290e+09
2021-05-06 10:30:00	6449.0	6428.6	6454.6	6426.4	1345.0	1.732008e+09

2021-05-06 10:45:00	6428.8	6393.0	6435.2	6392.6	1627.0	2.088973e+09
2021-05-06 11:00:00	6393.0	6368.0	6393.0	6360.0	2457.0	3.133287e+09
2021-05-06 11:15:00	6367.4	6391.0	6393.0	6359.2	1621.0	2.066221e+09
2021-05-06 11:30:00	6391.0	6393.6	6399.0	6380.6	919.0	1.174388e+09
2021-05-06 13:15:00	6393.6	6409.6	6416.8	6388.6	1085.0	1.390580e+09
2021-05-06 13:30:00	6409.6	6406.0	6414.4	6400.2	572.0	7.329875e+08
2021-05-06 13:45:00	6405.4	6407.6	6410.0	6398.0	647.0	8.287720e+08
2021-05-06 14:00:00	6408.0	6422.0	6423.4	6404.0	734.0	9.415363e+08
2021-05-06 14:15:00	6422.2	6430.0	6433.0	6418.2	994.0	1.277638e+09
2021-05-06 14:30:00	6430.0	6424.8	6435.0	6420.4	774.0	9.950656e+08
2021-05-06 14:45:00	6425.4	6417.0	6430.0	6411.4	779.0	1.000067e+09
2021-05-06 15:00:00	6417.0	6392.8	6418.0	6392.8	1691.0	2.165950e+09

4. 多股票交易信息获取

```
df=get_price(['000300.XSHG','000001.XSHE'],start_date="2021-12-01",end_date="2021-12-10",frequency="daily")
df
<class 'pandas.core.panel.Panel'>
Dimensions: 6 (items) x 8 (major_axis) x 2 (minor_axis)
Items axis: open to money
Major_axis axis: 2021-12-01 00:00:00 to 2021-12-10 00:00:00
Minor_axis axis: 000300.XSHG to 000001.XSHE
```

结果为三维的数据表，系统不支持三维数据表的显示。为了解决上面的问题，我们主要采取某一个关键字取该三维数据表的部分内容的方式形成二维数据表。

```
df=get_price(['000300.XSHG','000001.XSHE'],start_date="2021-12-01",end_date="2021-12-10",frequency="daily")['open'][:8]
df
```

	000300.XSHG	000001.XSHE
2021-12-01	4831.89	17.43
2021-12-02	4839.91	17.62

2021-12-03	4856.98	17.64
2021-12-06	4909.43	17.85
2021-12-07	4930.83	18.30
2021-12-08	4934.41	18.45
2021-12-09	5000.69	18.49
2021-12-10	5046.27	18.51

5. 600519.XSHG 与 600518.XSHG 15 分钟交易数据的计算的加法与乘法运算

```
df1=get_price("600519.XSHG",start_date="2021-05-06",end_date="2021-05-07",frequency="15m")
df2=get_price("600518.XSHG",start_date="2021-05-06",end_date="2021-05-07",frequency="15m")
df=df1-df2
df
```

	open	close	high	low	volume	money
2021-05-06 09:45:00	1979.46	1969.52	1984.33	1964.62	-20244040.0	1.674717e+09
2021-05-06 10:00:00	1969.52	1975.04	1986.18	1969.53	-2805064.0	8.916536e+08
2021-05-06 10:15:00	1974.98	1975.25	1981.76	1969.73	-2538467.0	5.203228e+08
2021-05-06 10:30:00	1975.24	1970.51	1976.22	1969.52	-2497079.0	4.410766e+08
2021-05-06 10:45:00	1970.51	1965.03	1974.67	1965.04	-2346120.0	5.310315e+08
2021-05-06 11:00:00	1964.71	1957.68	1966.34	1957.63	-938723.0	8.097485e+08
2021-05-06 11:15:00	1957.69	1953.67	1958.11	1947.72	-468577.0	5.845162e+08
2021-05-06 11:30:00	1953.67	1947.22	1954.55	1946.73	-1084227.0	4.022451e+08
2021-05-06 13:15:00	1947.22	1946.73	1954.65	1944.75	-614605.0	4.741139e+08
2021-05-06 13:30:00	1946.73	1940.80	1950.50	1938.79	-1286169.0	5.654179e+08
2021-05-06 13:45:00	1940.81	1941.75	1945.28	1937.83	-504774.0	4.786326e+08
2021-05-06 14:00:00	1940.79	1948.91	1954.66	1939.31	-1240446.0	4.521228e+08
2021-05-06 14:15:00	1948.91	1949.39	1954.66	1947.73	-500739.0	3.086218e+08
2021-05-06 14:30:00	1949.69	1939.60	1949.68	1938.83	-1226942.0	7.225231e+08
2021-05-06 14:45:00	1939.61	1938.31	1939.59	1935.08	-2127624.0	7.345136e+08
2021-05-06 15:00:00	1938.82	1938.82	1938.82	1932.89	-1431571.0	9.030358e+08

df1 = get_price("600519. XSHG" , start_date = "2021-05-06" , end_date = "2021-05-07" ,frequency = "15m")

df2 = get_price("600518. XSHG" , start_date = "2021-05-06" , end_date = "2021-05-07" ,frequency = "15m")

df = df1 * df2

df

	open	close	high	low	volume	money
2021-05-06 09:45:00	3724. 9192	3804. 8985	3913. 0110	3657. 6528	1. 834290e+13	6. 945315e+16
2021-05-06 10:00:00	3804. 8985	3835. 3412	3856. 9528	3785. 1840	1. 476371e+12	5. 655707e+15
2021-05-06 10:15:00	3835. 2248	3796. 1664	3848. 3780	3785. 5680	7. 456167e+11	2. 851315e+15
2021-05-06 10:30:00	3815. 9381	3787. 0656	3817. 8295	3785. 1648	6. 160352e+11	2. 340086e+15
2021-05-06 10:45:00	3787. 0656	3776. 5440	3795. 0528	3756. 8745	7. 119437e+11	2. 692200e+15
2021-05-06 11:00:00	3775. 9296	3762. 4320	3798. 7611	3762. 3360	5. 596034e+11	2. 114446e+15
2021-05-06 11:15:00	3782. 0666	3754. 7328	3782. 8772	3743. 3088	2. 303552e+11	8. 670194e+14
2021-05-06 11:30:00	3754. 7328	3761. 8595	3776. 0064	3741. 4080	2. 677845e+11	1. 006197e+15
2021-05-06 13:15:00	3761. 8595	3741. 4080	3776. 1994	3737. 6064	2. 092494e+11	7. 861041e+14
2021-05-06 13:30:00	3741. 4080	3730. 0224	3748. 6464	3706. 7370	4. 612481e+11	1. 719331e+15
2021-05-06 13:45:00	3710. 5952	3731. 8464	3738. 6240	3704. 9034	1. 859939e+11	6. 895239e+14
2021-05-06 14:00:00	3730. 0032	3745. 5936	3756. 6336	3707. 7302	3. 446463e+11	1. 278608e+15
2021-05-06 14:15:00	3726. 0662	3726. 9830	3756. 6336	3723. 8124	1. 047192e+11	3. 897709e+14
2021-05-06 14:30:00	3727. 5560	3708. 2841	3747. 0720	3687. 3870	5. 969303e+11	2. 210255e+15
2021-05-06 14:45:00	3688. 8690	3705. 8202	3727. 6992	3680. 2620	9. 565284e+11	3. 536093e+15
2021-05-06 15:00:00	3706. 7943	3706. 7943	3706. 7943	3676. 1010	8. 891555e+11	3. 278925e+15

6. DataFrame 的四则运算遵循对位处理的原则,以下对列进行处理

df = get_price(′600019. XSHG′)[:2]

print(df)

	open	close	high	low	volume	money
2015-01-05	5. 01	5. 35	5. 37	5. 00	331986506. 0	1. 742213e+09
2015-01-06	5. 27	5. 13	5. 27	5. 04	287916100. 0	1. 477008e+09

如果是多只股票，则返回[pandas.Panel]对象，里面是很多[pandas.DataFrame]对象，索引是行情字段(open/close/…)，每个[pandas.DataFrame]的行索引是[datetime.datetime]对象，列索引是股票代号。比如

```
df=get_price(["600019.XSHG", "000001.XSHE"])['open'][:2]
print(df)
```

	600019.XSHG	000001.XSHE
2015-01-05	5.01	10.16
2015-01-06	5.27	10.08

四、实验任务与要求

1. 获取宝钢股份 2021 年 12 月 1 日 14:00 至 2021 年 12 月 2 日 12:00 的分钟数据(一只股票)。

2. 获取宝钢股份、中天金融两只股票 2021 年 12 月 1 日 14:00 至 2021 年 12 月 2 日 12:00 的分钟数据。

3. 获取宝钢股份、中天金融两只股票 2021 年 12 月 1 日 14:00 至 2021 年 12 月 2 日 12:00 的分钟的股票价格数据，并在一张数表中显示。

实验二 低估价值选股策略

一、实验目标与要求

1. 通过实验理解低估价值选股原理。
2. 通过该实验的学习掌握低估价值选股策略的编写。

二、实验相关知识

市场中常用市盈率或市净率对股票进行估值，该方法简单易学，具体估值的方法为：首先，计算行业整体的市盈率或市净率；其次，对行业内股票进行个股市盈率或市净率计算；最后，比较大小，一般个股市盈率或市净率高于行业整体的市盈率或市净率 P/B 为高估；个股市盈率或市净率低于行业整体的市盈率或市净率为低估。

市盈率是简洁有效的估值方法，市盈率 = 股价/每股收益，其核心在于 e 的确定。P/E = p/e，即价格与每股收益的比值。从直观上看，如果公司未来若干年每股收益为恒定值，那么市盈率值代表了公司保持恒定盈利水平的存在年限。这有点像实业投资中回收期的概念，只是忽略了资金的时间价值。而实际上保持恒定的 e 几乎是不可能的，e 的变动往往取决于宏观经济和企业的生存周期所决定的波动周期。所以在运用市盈率值的时候，e 的确定显得尤为重要，由此也衍生出具有不同含义的市盈率值。e 有两个方面，一个是历史的 e，另一个是预测的 e。对于历史的 e 来说，可以用不同 e 的时点值，可以用移动平均值，也可以用动态年度值，这取决于想要表达的内容。对于预测的 e 来说，预测的准确性尤为重要，在实际市场中，e 的变动趋势对股票投资往往具有决定性的影响。

市净率(每股股价/每股净资产)和净资产收益率(ROE),市净率和净资产收益率适用于周期的极值判断。对于股票投资来说,准确预测 e 是非常重要的,e 的变动趋势往往决定了股价是上行还是下行。但股价上升或下降到多少是合理的呢？市净率和净资产收益率可以给出一个判断极值的方法。比如,对于一个有良好历史净资产收益率的公司,在业务前景尚可的情况下,市净率值低于 1 就有可能是被低估的。如果公司的盈利前景较稳定,没有表现出明显的增长性特征,公司的市净率值显著高于行业(公司历史)的最高市净率值,股价触顶的可能性就比较大。这里提到的周期有三个概念:市场的波动周期、股价的变动周期和周期性行业的变动周期。

三、实验案例

```
'''
1. 市净率小于 2;
2. 负债比例高于市场平均值;
3. 企业的流动资产至少是流动负债的 1.2 倍;
4. 每年四次调仓,即在 1、4、7、10 月调仓;
5. 可加入止损(十天 HS300 跌幅达 10%则清仓)。
'''

## 初始化函数,设定要操作的股票、基准等
def initialize(context):
    # 设定指数
    g.stockindex = '000300.XSHG'
    # 设定沪深 300 作为基准
    set_benchmark('000300.XSHG')
    # True 为开启动态复权模式,使用真实价格交易
    set_option('use_real_price', True)
    # 设定成交量比例
    set_option('order_volume_ratio', 1)
```

```
    # 股票类交易的手续费是:买入时佣金万分之三,卖出时佣金万分之三加千分之一印花税, 每笔交易佣金最低扣 5 块钱
set_order_cost(OrderCost(open_tax=0, close_tax=0.001, \
                                    open_commission=0.0003, \
close_commission=0.0003, \
                                    close_today_commission=0, \
min_commission=5), type='stock')
    # 最大持仓数量
    g.stocknum = 10
    ## 自动设定调仓月份(如需使用自动,注销下段)
    f = 4  # 调仓频率
    log.info(list(range(1,13,12//f)))
    g.Transfer_date = list(range(1,13,12//f))
    ## 手动设定调仓月份(如需使用手动,注销掉上段)
    # g.Transfer_date = (3,9)
    #根据大盘止损,如不想加入大盘止损,注释下句即可
    # run_daily(dapan_stoploss, time='open')
    ## 按月调用程序
    run_monthly(trade, monthday=20, time='open')
## 交易函数
def trade(context):
    # 获取当前月份
    months = context.current_dt.month
    # 如果当前月为交易月
    if months in g.Transfer_date:
        ## 获得 Buylist
        Buylist = check_stocks(context)
        ## 卖出
        if len(context.portfolio.positions) > 0:
```

```
            for stock in context.portfolio.positions.keys():
                if stock not in Buylist:
                    order_target(stock, 0)
        ## 分配资金
        if len(context.portfolio.positions) < g.stocknum :
            Num = g.stocknum - len(context.portfolio.positions)
            Cash = context.portfolio.cash/Num
        else:
            Cash = 0

        ## 买入
        if len(Buylist) > 0:
            for stock in Buylist:
                if stock not in context.portfolio.positions.keys():
                    order_value(stock,Cash)
    else:
        return
## 选股函数
def check_stocks(context):
    # 获取沪深成分股
    security = get_index_stocks(g.stockindex)
    Stocks = get_fundamentals(query(
            valuation.code,
            valuation.pb_ratio,
            balance.total_assets,
            balance.total_liability,
            balance.total_current_assets,
            balance.total_current_liability
        ).filter(
```

```
                valuation.code.in_(security),
                valuation.pb_ratio < 2, #市净率小于2
                balance.total_current_assets/balance.total_current_liability > 1.2 #流动资产至少是流动负债的1.2倍
            ))
        # 计算股票的负债比例
        Stocks['Debt_Asset'] = Stocks['total_liability']/Stocks['total_assets']
        # 获取负债比率的市场均值
        me = Stocks['Debt_Asset'].median()
        # 获取满足上述条件的股票列表
        Codes = Stocks[Stocks['Debt_Asset'] > me].code
        return list(Codes)
    ## 根据局大盘止损,具体用法详见dp_stoploss函数说明
    def dapan_stoploss(context):
        stoploss = dp_stoploss(kernel=2, n=3, zs=0.1)
        if stoploss:
            if len(context.portfolio.positions)>0:
                for stock in list(context.portfolio.positions.keys()):
                    order_target(stock, 0)
    ## 大盘止损函数
    def dp_stoploss(kernel=2, n=10, zs=0.03):
        '''
        方法1:当大盘N日均线(默认60日)与昨日收盘价构成“死叉”,则发出True信号
        方法2:当大盘N日内跌幅超过zs,则发出True信号
        '''
        #止损方法1:根据大盘指数N日均线进行止损
        if kernel == 1:
            t = n+2
```

```
        hist = attribute_history('000300.XSHG', t, '1d', 'close', df=False)
        temp1 = sum(hist['close'][1:-1])/float(n)
        temp2 = sum(hist['close'][0:-2])/float(n)
        close1 = hist['close'][-1]
        close2 = hist['close'][-2]
        if (close2 > temp2) and (close1 < temp1):
            return True
        else:
            return False
    #止损方法 2:根据大盘指数跌幅进行止损
    elif kernel == 2:
      hist1 = attribute_history('000300.XSHG', n, '1d', 'close',df=False)
      if ((1-float(hist1['close'][-1]/hist1['close'][0])) >= zs):
            return True
      else:
            return False
```

实验结果如图 4-1 所示。

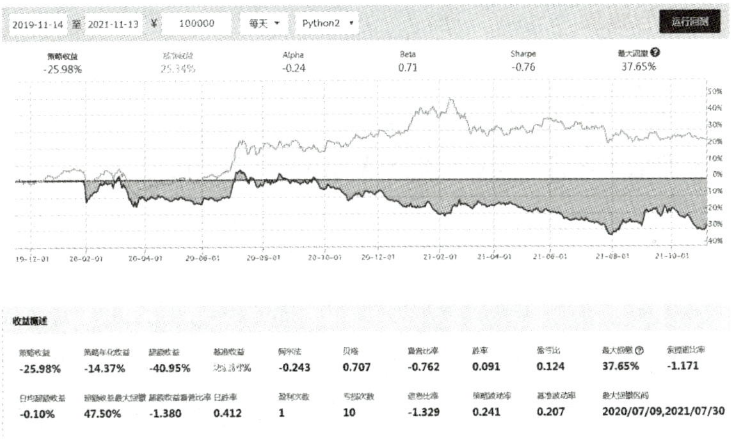

图 4-1　实验结果

四、实验任务及要求

利用案例相关知识，编写交易策略，要求如下：

(1)根据市盈率最小标准，选取机械制造行业股票，进行投资。

(2)市盈率不能为负数。

(3)企业的流动资产至少是流动负债的 1.5 倍。

(4)每年四次调仓，即在 1、4、7、10 月调仓。

(5)可加入止损(十天 HS300 跌幅达 10%则清仓)。

实验三　双均线策略

一、实验目标与要求

1. 通过实验理解双均线策略选股原理。
2. 通过该实验的学习将掌握双均线支撑与阻力原理的运用。

二、实验相关知识

移动平均数是判断股票价格趋势最常用的一个指标，它本质上是以一种算术平均数的概念来表示趋势值的方法。先选定时间数列的平均期数，在该期间内求取移动总值，然后除以期数，就可求得移动平均值的长期趋势值。其计算公式为

$$MA_i = \sum_{i}^{n} p_i \div n$$

以时间为横坐标，以移动平均数为纵坐标，将各点以移动平均数联成一线即为移动平均线，移动平均线上升表示股价（指数）呈上升的趋势；移动平均线下降表示股价（指数）呈下降的趋势。

移动平均分析的最大优点在于通过某一期间平均股价（指数）的移动走势，可以大致反映真实的趋势，避免人为的短线作价陷阱。移动平均线分为短期移动平均线（3 日、5 日、10 日、15 日等）、中期移动平均线（25 日、30 日、75 日等）和长期移动平均线（150 日、275 日等）。

如何运用移动平均线进行行情分析呢？美国投资专家葛兰维（Gnanvile）提出了运用移动平均线的八法则。其中四条属买进时机（买进信号），另四条则是卖出时机（卖出信号），见图 4-2。

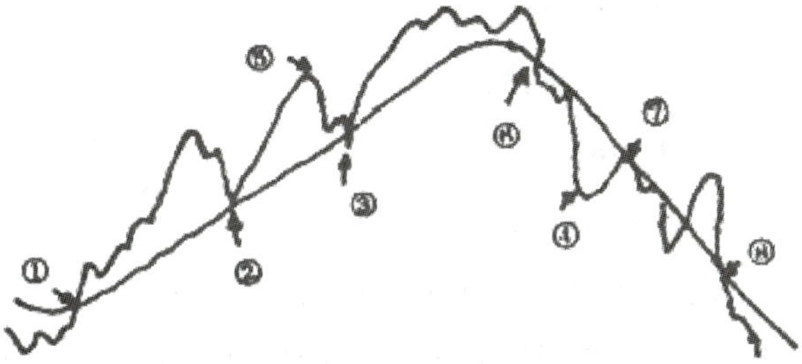

图 4-2 八法则

这八法则是：

（1）平均线由下降逐渐转为水平，且有往上方抬头迹象，而股价从平均线下方突破，便是买进信号。

（2）股价趋势走在平均线上，股价下跌而没有跌破平均线，又再度上升，为买进信号。

（3）股价跌至平均线下方，而平均线短期内仍为继续上升趋势，是买进信号。

（4）股价趋势走在平均线下方，突然暴跌，远离平均线，极有可能反弹回升至平均线附近，为买进信号。

（5）股价趋势走在平均线上方，突然暴涨，远离平均线，极有可能回跌至平均线附近，为卖出信号。

（6）平均线逐渐从上升趋势走平，而且股价由平均线上方跌破平均线，是卖出时机。

（7）股价趋势走在平均线下方，反弹回升未能超越平均线，平均线已有从水平反转而下的趋势,是卖出时机。

(8)股价在平均线上徘徊,而且平均线继续向下跌,是卖出信号。

三、实验案例

```
# 导入函数库
from jqdata import *
# 初始化函数,设定基准等
def initialize(context):
    # 设定沪深 300 作为基准
    set_benchmark('000300.XSHG')
    # 开启动态复权模式(真实价格)
    set_option('use_real_price', True)
    # 输出内容到日志 log.info()
    log.info('初始函数开始运行且全局只运行一次')
    # 过滤掉 order 系列 API 产生的比 error 级别低的 log
    # log.set_level('order', 'error')
    ### 股票相关设定 ###
    # 股票类每笔交易时的手续费是:买入时佣金为万分之三,卖出时佣金为万分之三加千分之一印花税, 每笔交易佣金最低扣 5 元
    set_order_cost(OrderCost(close_tax=0.001, open_commission=0.0003, close_commission=0.0003, min_commission=5), type='stock')
    ## 运行函数(reference_security 为运行时间的参考标的;传入的标的只做种类区分,因此传入'000300.XSHG'或'510300.XSHG'是一样的)
      # 开盘前运行
     run_daily(before_market_open, time='before_open', reference_security='000300.XSHG')
      # 开盘时运行
    run_daily(market_open, time='open', reference_security='000300.XSHG')
```

```
    # 收盘后运行
  run_daily(after_market_close, time='after_close', reference_security='000300.XSHG')
## 开盘前运行函数
def before_market_open(context):
    # 输出运行时间
  log.info('函数运行时间(before_market_open):'+str(context.current_dt.time()))
    # 给微信发送消息(添加模拟交易,并绑定微信生效)
    send_message('美好的一天~')
    # 要操作的股票:平安银行(g.为全局变量)
    g.security = '000001.XSHE'
## 开盘时运行函数
def market_open(context):
    log.info('函数运行时间(market_open):'+str(context.current_dt.time()))
    security = g.security
    # 获取股票的收盘价
    close_data = get_bars(security, count=5, unit='1d', fields=['close'])
    # 取得过去五天的平均价格
    MA5 = close_data['close'].mean()
    # 取得上一时间点价格
    current_price = close_data['close'][-1]
    # 取得当前的现金
    cash = context.portfolio.available_cash
    # 如果上一时间点价格高出五天平均价 1%, 则全仓买入
    if current_price > 1.01 * MA5 and cash > 0:
        # 记录这次买入
        log.info("价格高于均价 1%, 买入 %s" % (security))
        print("当前可用资金为{0}, position_value 为{0}".format(cash, context.portfolio.positions_value))
```

```
            # 用所有 cash 买入股票
            order_value(security, cash)
        # 如果上一时间点价格低于五天平均价，则空仓卖出
        elif current_price < MA5 and context.portfolio.positions[security].closeable_amount > 0:
            # 记录这次卖出
            log.info("价格低于均价，卖出 %s" % (security))
            # 卖出所有股票,使这只股票的最终持有量为 0
            order_target(security, 0)
    ## 收盘后运行函数
    log.info(str('函数运行时间(after_market_close):'+str(context.current_dt.time())))
        #得到当天所有成交记录
        trades = get_trades()
        for_trade in trades.values():
            log.info('成交记录:'+str(_trade))
        log.info('一天结束')
        log.info('##################################################################
##')
```

实验结果如图 4-3 所示。

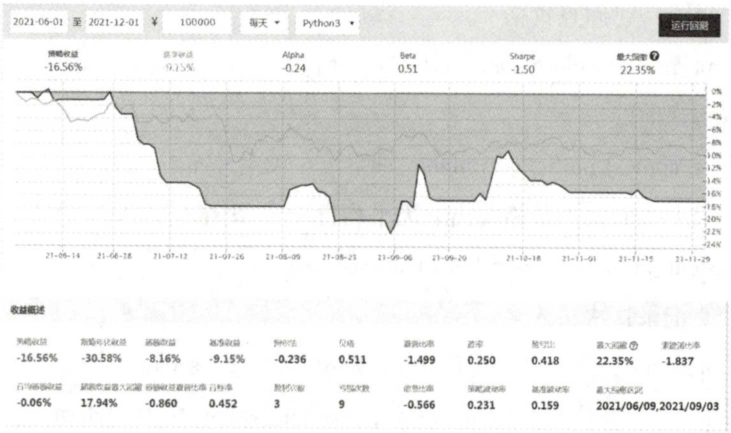

图 4-3　实验结果(1)

四、实验任务及要求

利用案例相关知识，编写交易策略，要求如下：

(1)根据价格移动平均线的交易思想，筛选出满足要求的标的物进行投资。

(2)选出偏离 MA5 价格 8%~10%的股票。

(3)在满足偏离 MA5 价格 8%~10%的股票的基础上，选取市盈率值最大的股票进行投资。

(4)当价格回归均线时结束交易。

实验四 MACD 交易策略

一、实验目标与要求

1. 通过实验理解 MACD 指标投资原理。
2. 通过该实验的学习掌握摆动性指标的量化投资策略的编写。

二、实验相关知识

MACD 指标(moving average convergence / divergence)又称异同移动平均线，是股票交易中心一种常见的技术分析工具，用于研判股票价格变化的强度、方向、能量以及趋势周期，以便把握股票买进和卖出的时机。

该指标由一组曲线与图形组成，通过收盘时股价或快变的指数与慢变的指数移动平均值(EMA)之间的差计算得来。其意义和双移动平均线基本相同,即由快、慢均线的离散、聚合表征当前的多空状态和股价可能的发展变化趋势。

DIF=EMA(CLOSE,12)-EMA(CLOSE,26)

分别计算出12日平滑移动平均线(12EMA)与26日平滑移动平均线(26EMA),平滑因子分别设为0.153 8与0.074 1,因此,当日12日EMA=前一日12日EMA+0.153 8(当日收盘价-前一日12日EMA);当日26日EMA=前一日26日EMA+0.074 1(当日收盘价-前一日26日EMA);在MACD的计算上,也有人运用需求指数(DI)来代替收盘价。需求指数即是将当日的收盘价乘以2,再加上最高价与最低价,总数除以4。仅用收盘价来表示当天的行情有时不免失真。假如行情震荡较大与较小的日子均以收盘价位来表示,会形成假平等。因此有人尝试以需求指数来计算移动平均数。计算出12EMA与26EMA之后,以12EMA的数字减去26EMA的数字,得到正负差(DIF)。计算出12EMA与26EMA之后,以12EMA的数字减去26EMA的数字,得到正负差(DIF)。DIF = 12EMA - 26EMA;当日MACD=前一日9日EMA+0.2(DIF-前一日9日EMA)。

大势预测原则:

(1)当DIF与MACD均为正值,即在0轴线以上时,大势仍处多头市场,趋势线向上。DIF若向上突破MACD时,可以大胆买进;向下突破时,则只暂时获利了结。

(2)当DIF与MACD均为负值时,即在0轴线以下,大势仍处空头市场,趋势线向下。DIF若向下跌破MACD,应该立刻卖出;向上突破时,则只宜空头暂时补空。

(3)如同强弱指标,背离走势也适合用在MACD上。当MACD与K线图趋势线发生背离时亦为反转信号。

三、实验案例

```
# 导入函数库
from jqdata import *
from jqlib.technical_analysis import *
import numpy as np
```

#该策略完成,收盘价突破5日均线,当10均线与5日均线较为分离时,并且交易价格明显大于五日均线时,买入。

```
# 初始化函数,设定基准等
def initialize(context):
    # 设定沪深 300 作为基准(定义函数后的函数的 taoyo)
    set_benchmark('000300. XSHG')
    # 开启动态复权模式(真实价格)
    set_option('use_real_price', True)
    # 输出内容到日志 log.info()
    log.info('初始函数开始运行且全局只运行一次')
    set_order_cost(OrderCost(close_tax=0.001, open_commission=0.0003, close_
commission=0.0003, min_commission=5), type='stock')
    run_daily(market_open, time='open', reference_security='000300. XSHG')
    g.security="000001. XSHE"
## 开盘时运行函数
def market_open(context):
    log.info('函数运行时间(market_open):'+str(context.current_dt.time()))
    security = g.security
    # 获取股票的收盘价
    cash = context.portfolio.available_cash
    macd_dif, macd_dea, macd_macd = MACD(security,check_date=context.current_
dt, SHORT = 12, LONG = 26, MID = 9)
    macd_dif_1 =macd_dif[security]
    macd_dea_1=macd_dea[security]
    macd_macd_1=macd_macd[security]
    # 如果上一时间点价格高出五天平均价 1%, 则全仓买入
    if macd_dif_1 > 0 and macd_dea_1>macd_macd_1 and cash > 0:
        # 记录这次买入
        log.info("价格高于均价 1%, 买入 %s" % (security))
        print("当前可用资金为{0}".format(cash, context.portfolio.positions_val-
ue))
```

```
        # 用所有 cash 买入股票
        order_value(security, cash)
    # 如果上一时间点价格低于五天平均价，则空仓卖出
    elif macd_dif_1<0 and macd_dea_1<macd_macd_1 and context.portfolio.positions[security].closeable_amount > 0:
        # 记录这次卖出
        log.info("价格低于均价，卖出 %s" % (security))
        # 卖出所有股票,使这只股票的最终持有量为 0
        order_target(security, 0)
```

实验结果如图 4-4 所示。

图 4-4　实验结果(2)

四、实验任务及要求

利用案例相关知识,编写交易策略,要求如下：

(1)利用 MACD 指数构建原理调整 MACD 的参数值。

(2)当快捷平均线上穿慢速平均线时买入股票。

(3)当快速平均线斜率为 0 时卖出股票。

实验五 直接导入 MA 指标因子策略

一、实验目标与要求

1. 通过实验理解技术指标作为投资因子直接导入投资策略的编程原理。

2. 通过实验的学习掌握技术因子直接导入策略的方法,利用该方法编写技术分析策略。

二、实验相关知识

因子:为方便量化交易,可直接调用技术分析指标因子,我们计划基于通达信、东方财富、同花顺等的公式,来完善技术分析指标因子库。

软件给出了公式的 API、参数说明、返回值的结果及类型说明、备注(相较于上述三家结果及算法的比对)、用法注释及示例,旨在帮助用户更方便、更快速地在策略研究中使用这些因子函数。

因子函数支持多周期,取数逻辑同 get_bars

unit:统计周期,默认为 ′1d′, 支持如下周期: ′1m′, ′5m′, ′15m′, ′30m′, ′60m′, ′120m′, ′1d′, ′1w′, ′1M′。′1w′ 表示一周, ′1m′ 表示一个月。

include_now:是否包含当前周期,默认为 True。

注意:

如果需要在 Python3 环境下使用,print 需要加( ),例如:print(ACCER1[security_

list1])如果传入了 fq_ref_date,则以 fq_ref_date 为基准日进行复权;否则默认为 None,回测中如果开启动态复权,则返回复权计算动态前的技术指标(复权基准日为策略逻辑时间),否则返回前复权计算的指标 ;研究及 jqdatasdk 返回前复权计算的指标(jqdatasdk 目前不支持 fq_ref_date 参数),当 check_date 可以精确到分时秒时,如´2019-08-05 11:30:00´,datetime.datetime(2019,1,10)(datetime 对象本身带有分时秒,默认为 00:00:00),返回当前时间点的指标值;当 check_date 只精确到日期时,如´2019-08-05´,datetime.date(2019,1,10),返回当天收盘后的指标。盘中调用当天的指标会产生未来数据,策略中建议 check_date 直接填写 context.current_dt 文档中的统计天数,默认 unit 为´1d´,当 unit 不为´1d´的话,指的是统计周期 unit 因复权数据同平台不一致、部分算法不一致、涉及回溯的技术指标提取的数据量不同,计算得到的结果可能和其他平台存在差异技术指标数据,与其他平台有差异,使用之前请导入 technical_analysis 库。

```
#(官网)导入 technical_analysis 库
>>> from jqlib.technical_analysis import *
#(本地 jqdatasdk)导入 technical_analysis 库,注意目前 jqdatasdk 不支持 fq_ref_date 参数
>>> from jqdatasdk.technical_analysis import *
```

超买超卖型

ACCER-幅度涨速

ACCER(security_list, check_date, N = 8, unit = ´1d´, include_now = True, fq_ref_date = None)

参数:

security_list:股票列表。

check_date:要查询数据的日期。

N:统计的天数 N。

unit:统计周期,默认为 ´1d´, 支持如下周期: ´1m´, ´5m´, ´15m´, ´30m´, ´60m´, ´120m´, ´1d´, ´1w´, ´1M´. ´1w´ 表示一周, ‘1m´ 表示一个月。

include_now:是否包含当前周期,默认为 True。

fq_ref_date:复权基准日,默认为 None。

返回：

ACCER 的值

返回结果类型

字典(dict)：键(key)为股票代码，值(value)为数据。

如：{ ´000001. XSHE´： 0. 0013989466754443464， ´603177. XSHG´： nan， ´000002. XSHE´：0. 024078586658544048，´601211. XSHG´：-0. 005637295194257232 3}

备注：计算方式与通达信相同，东方财富和同花顺没有该指标。

算法：先求出斜率，再对其价格进行归一。

三、实验案例

```
# 导入函数库
from jqdata import *
from jqlib.technical_analysis import *
import numpy as np
#"该策略完成，收盘价突破 5 日均线，当 10 均线与 5 日均线较为分离，并且交易价格明显大于五日均线时，买入。
# 初始化函数，设定基准等
def initialize(context):
    # 设定沪深 300 作为基准(定义函数后的函数的 taoyo)
    set_benchmark('000300. XSHG')
    # 开启动态复权模式(真实价格)
    set_option('use_real_price', True)
    # 输出内容到日志 log.info()
    log.info('初始函数开始运行且全局只运行一次')
    set_order_cost(OrderCost(close_tax=0. 001, open_commission=0. 0003, close_commission=0. 0003, min_commission=5), type='stock')
    run_daily(market_open, time='open', reference_security='000300. XSHG')
    g.security="000001. XSHE"
```

```
## 开盘时运行函数
def market_open(context):
    log.info('函数运行时间(market_open):'+str(context.current_dt.time()))
    security = g.security
    # 获取股票的收盘价
    a= get_bars(security, count=1, unit='1d', fields=['close'])
    close_data_close=a['close'][0]
    # 计算并输出 security_list1 的 MA 值
    ma1= MA(security,timeperiod=5,check_date=context.current_dt)
    MA5= ma1[security]
    cash = context.portfolio.available_cash
    # 如果上一时间点价格高出五天平均价 1%, 则全仓买入
    if close_data_close > MA5 * 1.01 and cash > 0:
        # 记录这次买入
        log.info("价格高于均价 1%, 买入 %s" % (security))
        print("当前可用资金为{0}".format(cash, context.portfolio.positions_val-
ue))
        # 用所有 cash 买入股票
        order_value(security, cash)
    # 如果上一时间点价格低于五天平均价, 则空仓卖出
    elif close_data_close < MA5 * 0.99 and context.portfolio.positions[security].closeable_a-
mount > 0:
        # 记录这次卖出
        log.info("价格低于均价, 卖出 %s" % (security))
        # 卖出所有股票,使这只股票的最终持有量为 0
        order_target(security, 0)
```

实验结果如图 4-5 所示。

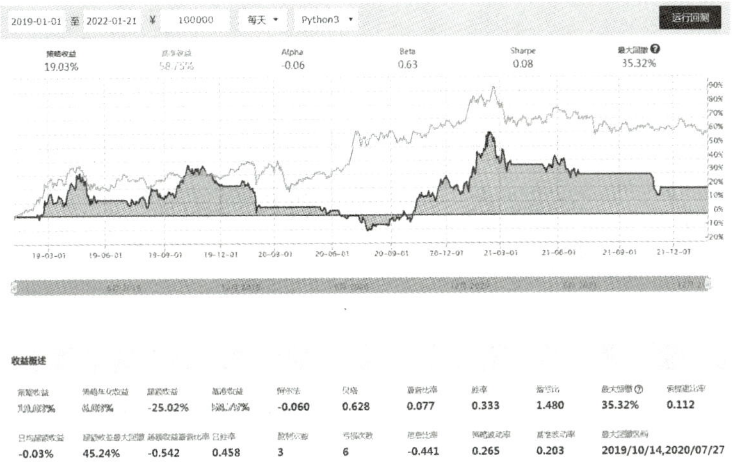

图 4-5 实验结果(3)

四、实验任务及要求

利用案例相关知识,编写交易策略,要求如下:

(1)调取市盈率因子,按照市盈率最小标准,选取某一行业股票,进行投资。

(2)市盈率不能为负数。

(3)企业的流动资产至少是流动负债的 1.5 倍。

(4)每年四次调仓,即在 1、4、7、10 月调仓。

(5)可加入止损(十天 HS300 跌幅达 10%则清仓)。

实验六 涨跌比例策略

一、实验目标与要求

1. 通过实验理解涨跌比例投资策略。
2. 通过该实验的学习掌握价差投资的编写策略。

二、实验相关知识

股票价格是常常呈波浪变化的,十日涨跌比率的应用原则+日涨跌比率的功能,在于显示股市买盘力量的强弱,进而推测短期行情可能出现的反转,尤其是在短期反弹或回档方面更能出现征兆。通常其应用原则如下:①十日涨跌比率上升,而指数亦往上升时,股市仍将继续上升。②十日涨跌比率下降,而指数亦往下降时,股市仍将继续下跌。③十日涨跌比率上升,而指数却往下滑,则股市将会反弹,反之亦然。④涨跌比率的常态分布通常在0.5~1.5,而0.5以下或1.5以上则是非常态分布。⑤在大多头市场与大空头市场里,常态分布的上限与下限将扩大至2.0以上与0.5以下。⑥涨跌比率超过1.5时,表示股价长期上涨,已脱离常态,超买现象产生,股价容易下跌;⑦多头市场之涨跌比率,大多数时间都维持在0.6~1.5,超过1.5时,应准备卖出,而低于0.6时,又可逢低买进。多头市场低于0.5的现象极少,是极佳的买点。

十日涨跌比率操作战术如下:①如果十日涨跌比率升高至0.5以上,则表示空头市场即将结束。不过,在大势扭转之前,可能在0.5上下来回移动数次。②涨跌比率如果不断下降,低于0.75,通常显示短线买进的机会已经来临,这在多头市场中很少例外。在空头市场初期,如果涨跌比率降至0.75以下,通常暗示中级反弹即将出现。而在空头市场末期,十日比率降至0.5以下时,则为买进时机。③涨跌比率下降至0.65之后,再回升至1.40,但无法突破1.40,则显示上涨的气势不足。④涨跌比率向上冲过1.40时,暗示市场行情的上涨至少具有两波以上的行情。

(一)超买超卖线OBOS的原理与概念

超买超卖线是分析目前大势属于强势或弱势的一种技术分析指标,是利用统计原理来测量股市气势的方法,它以简单的股价涨跌资料作为计算的基础。由于加权股价指数的升降,往往受到权数的影响,因此OBOS最主要的用途即在"衡量大势的涨跌气势"时,使股市潜在的趋势清楚地表现出来。

(二)OBOS的建立

建立OBOS所需要的资料是每个交易日上涨的股票有多少家,以及下跌的股票有多少家,其周期参数的选择一般均以10天为一个周期,其计算公式为:OBOS=N日内上涨家数的移动总和-N日内下跌家数的移动总和。建立OBOS值,最简单的计算方式,莫过于列表计算。

三、实验案例

#对中证白酒指数成分股的市盈率(0~50)、换手率(0~10)进行筛选,筛选出符合条件的股票,获取该股票过去一个月的最低价格,当市场价格在最低价格的上下5%时,对股票进行买入,当涨跌幅达到20%时则卖出。

```
# 导入函数库
from jqdata import *
# 初始化函数,设定基准等
def initialize(context):
# 设定中证白酒指数作为基准
    set_benchmark('399997.XSHE')
# 开启动态复权模式(真实价格)
    set_option('use_real_price', True)
# 设定成交量比例
```

```
        set_option('order_volume_ratio', 0.8)
    # 股票类每笔交易时的手续费是:买入时佣金为万分之三,卖出时佣金为万分之三加千分之一印花税, 每笔交易佣金最低扣5块钱
        set_order_cost(OrderCost(close_tax=0.001, open_commission=0.0003, close_commission=0.0003, min_commission=5), type='stock')
        g.stocknum = 1
        g.days = 1
        g.refresh_rate = 3
        run_daily(market_open, time='before_open')
    def check_stocks(context):
        if  get_index_stocks('399997.XSHE'):
            q = query(
                    valuation.code,
                    valuation.turnover_ratio,
                    valuation.pe_ratio
                ).filter(
                    valuation.turnover_ratio.between(0,10),
                    valuation.pe_ratio.between(0,50)
                ).order_by(
                    valuation.pe_ratio.asc()
                )
    #筛选满足条件的股票组成列表F
            df = get_fundamentals(q)
            F = list(df['code'])
            return F[:g.stocknum]
              else:
            g.days += 1
    ## 开盘时运行函数
    def market_open(context):
```

```
#获取列表的第一指股票进行交易
    F = check_stocks(context)
    if len(F)==0:
        print(1)
    else:
        a = F.pop(0)
# 获取股票的收盘价
        close_data = get_bars(security=a, count=30, unit='1d', fields=['close'])
# 取得过去三十天的最低价格
        low = close_data['close'].min()
# 取得上一时间点价格
        current_price = close_data['close'][-1]
# 取得当前的现金
        cash = context.portfolio.available_cash
# 如果上一时间点价格小于最低价的5%或大于最低价的5%，则全仓买入
      if (current_price < 1.05 * low or current_price > 0.95 * low ) and (cash > 0):
# 用所有 cash 买入股票
            order_value(a, cash)
#当前价格为买入价格的120%或80%时,则卖出当前持有的股票。
            if current_price > 1.2 * low or current_price < 0.8 * low :
                for stock in list(context.portfolio.positions.keys()):
                    order_target_value(stock, 0)
        else:
            g.days += 1
        ## 收盘后运行函数
def after_market_close(context):
    log.info(str('函数运行时间(after_market_close):'+str(context.current_dt.time
())))
 #得到当天所有成交记录
```

```
    trades = get_trades()
    for _trade in trades.values():
        log.info('成交记录:'+str(_trade))
    log.info('一天结束')
log.info('##########################################################')
```

实验结果如图 4-6 所示。

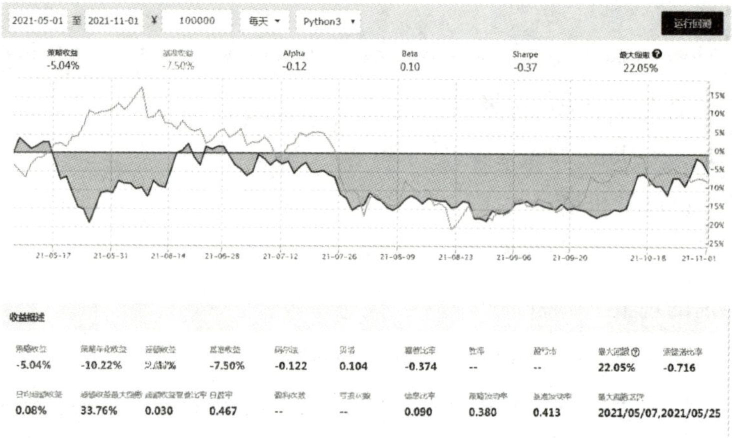

图 4-6　实验结果(4)

四、实验任务及要求

利用案例相关知识,编写交易策略,要求如下:

(1)选取上证 50 指数成分股为投资股票池。

(2)利用技术分析中的黄金分割线进行交易条件设置。

(3)选取利润最高的股票投资。

(4)自主确定其他事项。

实验七 银行股轮动策略

一、实验目标与要求

1. 通过实验理解股票轮动选股原理。
2. 利用股票轮动思想获取交易思路，编写交易策略。

二、实验相关知识

(一)板块轮动是什么

板块轮动指的是股票的板块与板块之间出现的转换轮动，具有推动市场整体走向的作用。通常板块的轮动都会按照当下市场的国家和行业发展情况、新的国家政策、行业利好以及主力资金对市场的情绪进行。通常，在“牛市”行情中板块轮动性较强，如果是在下跌或者调整行情中，板块有可能没有轮动性或者轮动性较弱。

(二)股票板块轮动规律

在不同的时间内启动的板块，板块的持续性会有所不同。通常情况下，优先启动的板块，其持续时间比较长，反弹能力和反弹概率也会比较大，而后启动的板块持续时间较短，反弹力度也会比较弱，尤其是行情的后期，某些轮动板块甚至可能是昙花一现。

在股票板块轮动较强的“牛市”行情中，前期大概率是由大盘股板块使股指和市场活跃上涨，接下来是行业龙头板块的蓝筹股上涨，给市场带来有效支撑。然后是市场热门或者业绩优良的股票发力带领市场突破，当市场前期盘面处于高位时，处于低价的三、四线股票板块开始发力，“牛市”的最后往往是 ST 和一些市场“垃圾股”的“舞台”，这个时候投资者就需要谨慎关注市场变化了。

总体而言,投资者如果能把握市场的板块的轮动规律,那么其投资的成功率就会提高。但是在交易时,也需要结合其他市场指标和市场环境以及个股情况进行参考。

三、实验案例

```
'''
始终持有沪深 300 银行指数成分股中市净率最低的股份制银行股票,每周检查一次,如果发现有新的股份制银行市净率低于原有的股票,则予以换仓。
'''

## 初始化函数,设定要操作的股票、基准等
def initialize(context):
    # 设定沪深 300 银行指数作为基准
    set_benchmark('399951.XSHE')
    # True 为开启动态复权模式,使用真实价格交易
    set_option('use_real_price', True)
    # 设定成交量比例
    set_option('order_volume_ratio', 1)
    # 股票类交易手续费是:买入时佣金为万分之三,卖出时佣金为万分之三加千分之一印花税, 每笔交易佣金最低扣 5 块钱
    set_order_cost(OrderCost(open_tax=0, close_tax=0.001, \
                             open_commission=0.0003, close_commission=0.0003,\
                        close_today_commission=0, min_commission=5), type='stock')
    # 运行函数, 按周运行,在每周第一个交易日运行
    run_weekly(chenk_stocks, weekday=1, time='before_open') #选股
    run_weekly(trade, weekday=1, time='open') #交易
## 得到沪深 300 银行指数成分股,找到市净率最低的股票
def chenk_stocks(context):
```

```
    # 得到沪深 300 银行指数成分股
    g.stocks = get_index_stocks('399951.XSHE')

    # 查询股票的市净率,并按照市净率升序排序
    if len(g.stocks) > 0:
        g.df = get_fundamentals(
            query(
                valuation.code,
                valuation.pb_ratio
            ).filter(
                valuation.code.in_(g.stocks)
            ).order_by(
                valuation.pb_ratio.asc()
            )
        )
        # 找出最低市净率的一只股票
        g.code = g.df['code'][0]
## 交易
def trade(context):
    if len(g.stocks) > 0:
        code = g.code
        # 如持仓股票不是最低市净率的股票,则卖出
        for stock in context.portfolio.positions.keys():
            if stock != code:
                order_target(stock,0)
        # 持仓该股票
        if len(context.portfolio.positions) > 0:
            return
        else:
```

```
order_value(code, context.portfolio.cash)
```

实验结果如图 4-7 所示。

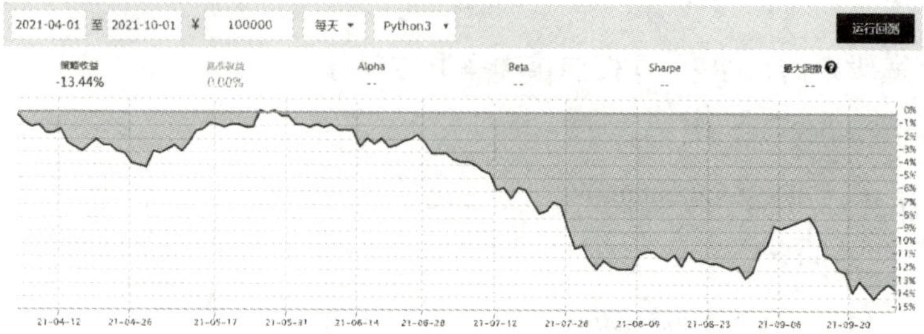

图 4-7　实验结果(5)

四、实验任务及要求

利用案例相关知识,编写交易策略,要求如下:

(1)根据板块轮动的原理进行投资。

(2)以收益率为指标计算板块收益率,根据股票价格的惯性原理选取收益率最高的股票进行交易。

(3)当交易股票板块的收益率在 3 个交易日内为负数则停止交易。

(4)当确定投资板块后可根据自己的偏好决定个股的选取,例如:P/E 最小。

项目五

期货实验

实验一　Dual_Thrust 策略——股指期货

一、实验目标与要求

1. 通过实验掌握布林指标(BOLL)交易原理。
2. 通过该实验的学习掌握常用指标的策略构建。

二、实验相关知识

在所有的指标计算中,BOLL 指标的计算方法是最复杂的之一,其中引进了统计学中的标准差概念,涉及中轨线(MB)、上轨线(UP)和下轨线(DN)的计算。另外,和其他指标的计算一样,由于选用的计算周期的不同,BOLL 指标也包括日 BOLL 指标、周 BOLL 指标、月 BOLL 指标、年 BOLL 指标以及分钟 BOLL 指标等各种类型。经常被用于股市研判的是日 BOLL 指标和周 BOLL 指标。虽然它们计算时的取值有所不同,但基本的计算方法一样。以日 BOLL 指标计算为例,其计算方法如下:

日 BOLL 指标的计算公式:

中轨线=N 日的移动平均线

上轨线=中轨线+两倍的标准差

下轨线=中轨线-两倍的标准差

日 BOLL 指标的计算过程:

(1)计算 MA

MA=N 日内的收盘价之和÷N

(2)计算标准差 MD

MD=平方根 N 日的(C-MA)的两次方之和除以 N

(3)计算 MB、UP、DN 线

MB=(N-1)日的 MA

UP=MB+2×MD

DN=MB-2×MD

在股市分析软件中,BOLL 指标一共由四条线组成,即上轨线(UP)、中轨线(MB)、下轨线(DN)和价格线。其中上轨线(UP)是 UP 数值的连线,用黄色线表示;中轨线(MB)是 MB 数值的连线,用白色线表示;下轨线(DN)是 DN 数值的连线,用紫色线表示;价格线以美国线表示,颜色为浅蓝色。和其他技术指标一样,在实战中,投资者不需要进行 BOLL 指标的计算,主要是了解 BOLL 的计算方法和过程,以便更加深入地掌握 BOLL 指标的实质,为运用指标打下基础。

三、实验案例

(一)计算

(1)N 日 High 的最高价 HH, N 日 Close 的最低价 LC。

(2)N 日 Close 的最高价 HC,N 日 Low 的最低价 LL。

(3)Range = Max(HH-LC,HC-LL)。

(4)BuyLine = Open + K1 * Range。

(5)SellLine = Open + K2 * Range。

(二)构造系统

(1)当价格向上突破上轨时,如果当时持有空仓,则先平仓,再开多仓;如果没有持仓,则直接开多仓。

(2)当价格向下突破下轨时,如果当时持有多仓,则先平仓,再开空仓;如果没有持仓,则直接开空仓。

```
def initialize(context):
    # 设定沪深 300 作为基准
    set_benchmark('000300. XSHG')
```

```
        # True 为开启动态复权模式,使用真实价格交易
        set_option('use_real_price', True)
        # 设定成交量比例
        set_option('order_volume_ratio', 1)
        # 关闭订单提醒
        # log.set_level('order', 'error')
        # 设定期货保证金比例
        set_option('futures_margin_rate', 0.3)
        # 设定操作金融期货
        set_subportfolios([SubPortfolioConfig(cash=context.portfolio.cash, type='index_futures')])
        # 金融期货 close_today_commission 可不用设定,平今仓默认为 0.0023
        set_order_cost(OrderCost(open_commission = 0.000023, close_commission = 0.000023, close_today_commission=0.0023), type='index_futures')
        #运行函数
        run_daily(set_info, time='before_open', reference_security='IF1512.CCFX')
        run_daily(trade, time='every_bar', reference_security='IF1512.CCFX')
    def set_info(context):
        # 分钟计数
        g.minute_count = 0
    def trade(context):
        # 开盘第一分钟
        if g.minute_count == 0:
            # 获取当月可交易的 HS300 股指期货合约
            g.security = get_stock_index_futrue_code(context, symbol='IF', month='current_month')
            # 获取 BuyLine, SellLine
            g.BuyLine, g.SellLine = dual_thrust(g.security,n=10,K1=0.5,K2=0.5)
            # 分钟计数
```

```
        g.minute_count += 1
    # 开盘第一分钟之后
    else:
        # 获取标的可平多仓
        long_closeable_amount = context.portfolio.long_positions[g.security].closeable
_amount
        # 获取标的可平空仓
         short_closeable_amount = context.portfolio.short_positions[g.security].
closeable_amount
        # 获取标的的最新价
        current_price = attribute_history(g.security, 1, '1m', ['close'], df=False)['
close'][0]

        # 当价格向上突破上轨时
        if current_price > g.BuyLine:
            # 如果当时持有空仓,则先平仓,再开多仓;
            if(short_closeable_amount>0):
                # 平空仓
                order_target(g.security, 0 , side='short')
                # 开1手多仓
                order(g.security, 1, side='long')
                log.info('持有空仓,先平仓,再开多仓')
            # 如果没有持仓,则直接开多仓;
            elif (short_closeable_amount == 0) and (long_closeable_amount == 0):
                # 开1手多仓
                order(g.security, 1, side='long')
                log.info('没有持仓,开多仓')
        # 当价格向下突破下轨时
        elif current_price < g.SellLine:
```

```
            # 如果当时持有多仓,则先平仓,再开空仓;
            if (long_closeable_amount>0):
                # 平多仓
                order_target(g.security, 0 , side='long')
                # 开 1 手空仓
                order(g.security, 1, side='short')
                log.info('持有多仓,先平仓,再开空仓')
            # 如果没有持仓,则直接开空仓;
            elif (short_closeable_amount == 0) and (long_closeable_amount == 0):
                # 开 1 手空仓
                order(g.security, 1, side='short')
                log.info('没有持仓,则直接开空仓')

        # 分钟计数
        g.minute_count += 1

## 获取 BuyLine 和 SellLine
def dual_thrust(security,n,K1,K2):
    hist = attribute_history(security, n, '1d', ['high','low','close','open'], df=
False)
    HH = max(hist['high'])
    LC = min(hist['close'])
    HC = max(hist['close'])
    LL = min(hist['low'])
    Open = get_current_data()[security].day_open
    # 获取 Range
    Range = max((HH-LC),(HC-LL))
    # 计算 BuyLine 和 SellLine
    BuyLine = Open + K1 * Range
```

```
        SellLine = Open - K2 * Range
        # 返回结果
        return BuyLine, SellLine
## 获取当天时间正在交易的股指期货合约
def get_stock_index_futrue_code(context,symbol,month='current_month'):
        '''
        获取当天时间正在交易的股指期货合约。其中:
        symbol:
                'IF' #沪深 300 指数期货
                'IC' #中证 500 股指期货
                'IH' #上证 50 股指期货
        month:
                'current_month' #当月
                'next_month'      #隔月
                'next_quarter'    #下季
                'skip_quarter'     #隔季
        '''
        display_name_dict = {'IF':'沪深 300 指数期货','IC':'中证 500 股指期货','IH':
'上证50 股指期货'}
         month_dict = {'current_month':0, 'next_month':1, 'next_quarter':2,
'skip_quarter':3}
        display_name = display_name_dict[symbol]
        n = month_dict[month]
        dt = context.current_dt.date()
        a = get_all_securities(types=['futures'], date=dt)
        try:
            df = a[(a.display_name == display_name) & (a.start_date <= dt) & (a.
end_date >= dt)]
            if (len(df)>4) and (month in ('next_quarter','skip_quarter')):
```

```
                return df.index[n+1]
            else:
                return df.index[n]
        except:
            return 'WARRING: 无此合约'
# 获取金融期货合约到期日
def get_CCFX_end_date(fature_code):
return get_security_info(fature_code).end_date
```

四、实验任务及要求

利用案例相关知识,编写交易策略,要求如下:

(1)利用 BOLL 线原理进行交易。

(2)选取价格在一段时间内满足 BOLL 线上轨阻力下轨支撑的期货产品。

(3)选取 10 个交易日价格波动最大的期货品种。

(4)当价格有效突破 BOLL 线上下轨 2%时平掉所持有仓位。

实验二　热卷期货惯性交易策略实验

一、实验目标与要求

1. 通过实验理解交易中惯性原理的运用。

2. 通过该实验的学习灵活运用惯性原理在期货中的交易。

二、实验相关知识

三个假设技术分析的依据是基于三大假设:①价格反映市场一切;②价位遵循一定方向推进;③历史是会重演的。其中第一个假设是技术分析的根本点,不充分了解这一点,其他也就无从谈起。根据这一假设,技术分析者并不需要关注价位为何变动,他们关心的是价位怎样变动,即要知其然而不须知其所以然。因此,所有影响价位的因素都会反映价位波动。所以研究价位才是最重要的。第二个假设,价位遵循一定方向推进。正如牛顿力学第一定律所说,“在没有任何外力影响下,物体会遵循一定方向恒速前进”。技术分析正是借用了牛顿这一定律,价位就如有形物体一样,也是会沿着一定方向前进,直到受到外来因素的影响。历史会重演则反映了市场参与者的心理。影响力最大的心理因素就是对收益的期盼和对损失的担心。但人的特性不易改变。所以,这些因素引发的情况,必会重演,周而复始。就正如每次股灾前必有狂热一样。

三、实验案例

#策略思路:惯性交易思想(如果前一天是上涨,第二天开盘时买入,当前一天下降则第二天开盘卖出)

```
# 导入函数库
from jqdata import *
## 初始化函数,设定基准等
def initialize(context):
    # 设定沪深300作为基准
    set_benchmark('000300.XSHG')
    # 开启动态复权模式(真实价格)
    set_option('use_real_price', True)
    # 过滤掉order系列API产生的比error级别低的log
    # log.set_level('order', 'error')
```

```
        # 输出内容到日志 log.info()
        log.info('初始函数开始运行且全局只运行一次')
        ### 期货相关设定 ###
        # 设定账户为金融账户
        set_subportfolios([SubPortfolioConfig(cash=context.portfolio.starting_cash, type='futures')])
        # 期货类每笔交易时的手续费是:买入时为万分之0.23,卖出时为万分之0.23,平今仓为万分之23
        set_order_cost(OrderCost(open_commission=0.000023, close_commission=0.000023,close_today_commission=0.0023), type='futures')
        # 设定保证金比例
        set_option('futures_margin_rate', 0.15)
        # 设置期货交易的滑点
        set_slippage(StepRelatedSlippage(2))
        # 运行函数(reference_security 为运行时间的参考标的;传入的标的只做种类区分,因此传入'IF8888.CCFX'或'IH1602.CCFX'是一样的)
        # 注意:before_open/open/close/after_close 等相对时间不可用于有夜盘的交易品种,有夜盘的交易品种请指定绝对时间(如9:30)
          # 开盘时运行
        run_daily( market_open, time='09:30', reference_security='HC9999.XSGE')
        g.HC_dominant_future = get_dominant_future('HC')
          # 获取下季沪深300指数期货合约
    ## 开盘时运行函数
    def market_open(context):
        log.info('函数运行时间(market_open):'+str(context.current_dt.time()))
        ## 交易
        # 当月合约
        HC_dominant_future = g.HC_dominant_future
        # 合约列表
```

```
    # 当月合约价格
    HC_dominant_future_close = get_bars(HC_dominant_future, count=1, unit='1d',
fields=['close'])["close"]
    HC_dominant_future_open = get_bars(HC_dominant_future, count=1, unit='1d',
fields=['open'])["open"]
    #print(HC_current_month_close)
    # 计算差值
    CZ = HC_dominant_future_close - HC_dominant_future_open
    # 获取当月合约交割日期
    end_data = get_CCFX_end_date(IF_current_month)
    # 判断差值大于80,且空仓,则做空当月合约、做多下季合约;当月合约交割日
当天不开仓
    if CZ>0 :
            # return
            pass
        else:
            if (len(context.portfolio.short_positions) == 0) and (len(context.portfo-
lio.long_positions) == 0):
                log.info('开仓---差值:', CZ)
                # 做空1手当月合约
                order(IF_current_month, 1, side='short')
                # 做多1手下季合约
                order(HC_dominant_future, 1, side='long')
    # 如有持仓,并且基差缩小至70内,则平仓
            elif (len(context.portfolio.short_positions) > 0) and (len(context.
portfolio.long_positions) > 0):
                log.info('平仓---差值:', CZ)
            # 平仓当月合约
                order_target( HC_dominant_future, 0, side='short')
```

```
            # 平仓下季合约
                order_target( HC_dominant_future, 0, side='long')
                order(HC_dominant_future, 1, side='long')
    else:
        pass
    if CZ<=0:
            if (len(context.portfolio.short_positions) == 0) and (len(context.portfolio.long_positions) == 0):
                log.info('开仓---差值:', CZ)
                # 做空 1 手当月合约
                order(IF_current_month, 1, side='short')
                # 做多 1 手下季合约
                order(HC_dominant_future, 1, side='short')
    # 如有持仓,并且基差缩小至 70 内,则平仓
            elif(len(context.portfolio.short_positions) > 0) or (len(context.portfolio.long_positions) > 0):
                #log.info('平仓---差值:', CZ)
            # 平仓当月合约
                order_target( HC_dominant_future, 0, side='short')
            # 平仓下季合约
                order_target( HC_dominant_future, 0, side='long')
                order(HC_dominant_future, 1, side='short')
    else:
        return

  ## 收盘后运行函数

  ########################## 获取期货合约信息,请保留 ####################################
```

```
# 获取金融期货合约到期日
#def get_CCFX_end_date(future_code):
    # 获取金融期货合约到期日
return get_security_info(future_code).end_date
```

实验结果如图 5-1 所示。

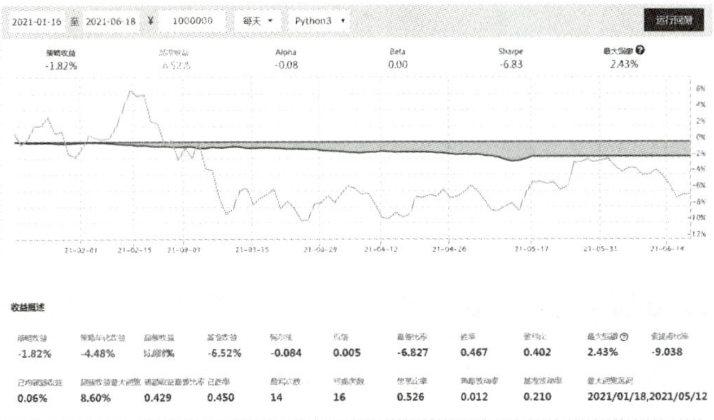

图 5-1　实验结果(1)

四、实验任务及要求

利用案例相关知识,编写交易策略,要求如下:

(1)根据价格变动惯性定律进行交易。

(2)选取价格变动较为稳定的期货,主要指标为在同一段时间内价格波动最小且价格斜率较大的期货。

(3)当价格有效突破价格波动期间时结束交易。

实验三 螺纹钢与热卷套利交易

一、实验目标与要求

1. 通过实验理解期货套利原理。

2. 通过该实验的学习掌握不同品种套利交易策略的编写。

二、实验相关知识

套利交易(spread)指的是在买入或卖出某种期货合约的同时,卖出或买入相关的另一种合约,并在未来某个时间同时将两种合约平仓的交易方式。

(一)套利交易的原理

套利交易是在价格联动性很强的两个不同合约(包括现货)上建立正反两个方向的头寸。这与套期保值的“方向相反、数量相等”的原理存在相似之处。

(二)套利交易的特点和作用

1. 套利交易的特点

(1)交易风险较小。一般情况下,合约间价差的变化比单一合约的价格变化要小得多,且获利大小和风险大小都较易于估算。

(2)交易成本较低。在期货交易所,为了鼓励套利交易的进行,套利交易的保证金水平和佣金水平都较低,而相应的投资报酬却较纯单向投资者稳定得多。

2. 套利交易的作用

套利交易不仅有助于期货市场有效发挥其价格发现功能,而且有助于使被扭曲的价格关系恢复到正常水平。

套利交易可抑制过度投机。

套利交易可增强市场流动性，活跃远期月份合约。

（三）套利业务的交易形式及策略

套利交易主要分为期现套利、跨市套利、跨期套利和跨商品套利四种。

1. 期现套利（cash arbitrage）

期现套利是指当期货市场某种期货合约与现货市场在价格上出现差距时，利用两个市场的价格差距，低买高卖而获利的交易方式。

期现套利包括正向买进期现套利和反向买进期现套利两种。

2. 跨期套利（interdelivery spread）

跨期套利是指投资者以赚取差价为目的，在同一期货品种的不同合约月份建立数量相等、方向相反的交易部位，并以对冲或交割方式结束交易的一种操作方式。

在实际操作中，跨期套利分为牛市套利、熊市套利和蝶式套利三种方式。

3. 跨市套利（intermarket spread）

跨市套利是在两个不同的交易所选择相同合约，同时在两个交易所开设正反两个方向的头寸的交易方式。

跨市套利的风险及操作难度较跨期套利大。

由于地理空间相异、品质规格不同等因素的作用，同一品种在不同交易所往往存在价差，而且市场在正常情况下应有合理的价差。

在做跨市套利策略时，还必须考虑保证金和佣金成本。

4. 跨商品套利（intercommodity spread）

跨商品套利是指利用两种不同的但相互存在关联的商品之间的期货合约价格差异进行套期图利，即买入某一交割月份某种商品的期货合约，同时卖出另一相同交割月份、相互关联的商品期货合约，以期在有利时机同时将这两种合约平仓获利。

跨商品套利可以分为相关商品套利和可转换性商品间的套利两种形式。

相关商品套利就是利用两种不同品种，但价格又相互关联的期货合约之间的价差变动进行套利。比如在美国，玉米和燕麦之间的套利交易就十分流行。因为这两者均可以做饲料，具有用途上的相互替代性。由于国外的套利技巧较为成熟，且套利在市场上较为盛行，而我国尚处于探索阶段，因此我们以美国燕麦与玉米套利的例子进行说明。

可转换性商品间的套利在此不做详细介绍。

三、实验案例

#相关性研究:许多的期货都具有相关性,怎样用相关性的思想进行交易,如螺纹钢与铁矿石价差交易。

#选定特点合约进行价差交易,时间被限定在一个特定的区域。

```
from jqdata import *
#RB9999.XSGE
#HC9999.XSGE
## 初始化函数,设定基准等
def initialize(context):
    # 设定沪深300作为基准
    set_benchmark('000300.XSHG')
    # 开启动态复权模式(真实价格)
    set_option('use_real_price', True)
    # 过滤掉order系列API产生的比error级别低的log
    log.set_level('order', 'error')
    # 输出内容到日志 log.info()
    log.info('初始函数开始运行且全局只运行一次')

    ### 期货相关设定 ###
    # 设定账户为金融账户
    set_subportfolios([SubPortfolioConfig(cash=context.portfolio.starting_cash, type='index_futures')])
    # 期货类每笔交易时的手续费是:买入时万分之0.23,卖出时万分之0.23,平今仓为万分之23
    set_order_cost(OrderCost(open_commission=0.000023, close_commission=0.000023,close_today_commission=0.0023), type='index_futures')
```

```
    # 设定保证金比例
    set_option('futures_margin_rate', 0.15)

    # 设置期货交易的滑点
    set_slippage(StepRelatedSlippage(2))
    #运行函数(reference_security 为运行时间的参考标的;传入的标的只做种类区分,因此传入'IF8888.CCFX'或'IH1602.CCFX'是一样的)
    #注意:before_open/open/close/after_close 等相对时间不可用于有夜盘的交易品种,有夜盘的交易品种请指定绝对时间(如 9:30)
      # 开盘前运行
    run_daily( before_market_open, time='09:00', reference_security='IF8888.CCFX')
      # 开盘时运行
    run_daily( market_open, time='09:30', reference_security='IF8888.CCFX')
      # 收盘后运行
    run_daily( after_market_close, time='15:30', reference_security='IF8888.CCFX')

## 开盘前运行函数
def before_market_open(context):
    # 输出运行时间
    log.info('函数运行时间(before_market_open):'+str(context.current_dt.time()))

    # 给微信发送消息(添加模拟交易,并绑定微信生效)
    send_message('美好的一天~')

    ## 获取要操作的股票(g.为全局变量)
      # 获取当月沪深 300 指数期货合约
    g.RB_current_month = get_future_contracts('RB')[0]
      # 获取下季沪深 300 指数期货合约
    g.HC_current_month = get_future_contracts('HC')[0]
```

```
## 开盘时运行函数
def market_open(context):
    log.info('函数运行时间(market_open):'+str(context.current_dt.time()))

    ## 交易

    # 当月合约
    RB_current_month = g.RB_current_month
    # 下季合约
    HC_current_month = g.HC_current_month

    # 合约列表
    # 当月合约价格
    RB_current_month_close = get_bars(RB_current_month, count=1, unit='1d',
fields=['close'])["close"]
    # 下季合约价格
    IF_next_quarter_close = hist[IF_next_quarter][0]
    HC_current_month_close = get_bars(HC_current_month, count=1, unit='1d',
fields=['close'])["close"]
    print(RB_current_month_close)
    print(HC_current_month_close)
    # 计算差值
    CZ = HC_current_month_close - RB_current_month_close

    # 获取当月合约交割日期
    end_data = get_XSGE_end_date(RB_current_month)

    # 判断差值大于80,且空仓,则做空当月合约、做多下季合约;当月合约交割日
```

```
当天不开仓
        if (CZ > 150):
            if (context.current_dt.date() == end_data):
                return
                pass
            else:
                if (len(context.portfolio.short_positions) == 0) and (len(context.portfo-
lio.long_positions) == 0):
                    log.info('开仓---差值:', CZ)
                    # 做空 1 手当月合约
                    order(HC_current_month, 1, side='short')
                    # 做多 1 手下季合约
                    order(RB_current_month, 1, side='long')
        # 如有持仓,并且基差缩小至 70 内,则平仓
        if (CZ < 70):
            if(len(context.portfolio.short_positions) > 0) and (len(context.portfolio.long_
positions) > 0):
                log.info('平仓---差值:', CZ)
                # 平仓当月合约
                order_target(RB_current_month, 0, side='short')
                # 平仓下季合约
                order_target(HC_current_month, 0, side='long')

    ## 收盘后运行函数
    def after_market_close(context):
        log.info(str('函数运行时间(after_market_close):'+str(context.current_dt.time
()))))
        # 得到当天所有成交记录
        trades = get_trades()
```

```
        for _trade in trades.values():
            log.info('成交记录:'+str(_trade))
        log.info('一天结束')
        log.info('#############################################################')

    ########################## 获取期货合约信息,请保留 #################################
    # 获取金融期货合约到期日
    def get_XSGE_end_date(future_code):
        # 获取金融期货合约到期日
        return get_security_info(future_code).end_date
    ########################## 自动移仓换月函数 #################################
```

实验结果如图 5-2 所示。

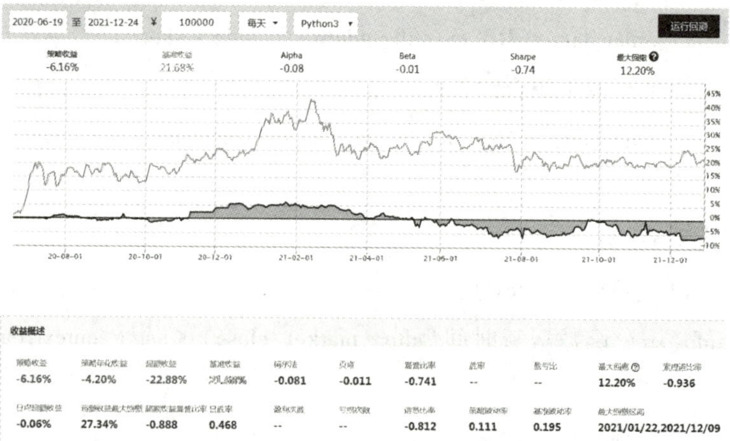

图 5-2 实验结果(2)

四、实验任务及要求

利用案例相关知识,编写交易策略,要求如下:

选取套利模型及套利标的物,当价差超过合理范围则进行开仓交易,当价差在合理范围中时平仓了结合约。

项目六

因子实验

实验一 原始因子数据处理

一、实验目标与要求

1. 理解原始因子数据处理的原理。
2. 理解数据处理的原因和解决方法。

二、实验相关知识

因子策略与因子检测和因子库功能,均为基于多因子投研体系下的功能。一般在进行因子策略的编写前,需要先通过因子检测功能以判断选取因子能否运用于策略。因子检测提供因子分析工具,帮助用户检测因子与证券收益的相关性,因子库提供实时监控功能,用户可查看同花顺提供的因子有效性及用户自定义因子的有效性,因子策略用于验证所选因子在模拟回测中的收益能否实现超额收益。

在进行因子分析中我们需要对数据进行处理,通常数据需要避免部分数据缺失(也就是空值)、因子值为负值或存在极端值等情况。

那么为什么会出现空值呢,一般来讲可以归纳为这三个原因:

(1)原始数据丢失。

(2)数据逻辑原因。

(3)策略逻辑需要。

我们分别来看一下各自的情况。数据质量,主要取决于数据源的质量,早期量化研究并不是很方便,很多时候大家会从网络上抓取一些行情数据等,由于数据源与获取方式的不规范，得到的数据很粗糙，容易造成数据丢失，一般这种行情类数据，如收盘价都会用前一天的值进行填充。目前，随着量化投资的普及及工具的发展，已经非常容易获取到种类丰富且干净的数据，较少出现这种情况。

三、实验案例

（一）原始数据丢失

目前可以通过聚宽 API 获取到种类丰富且经过清洗的数据，较少出现原始数据丢失这种情况，如有遇到类似情况，需要根据数据类型进行填充方法的判断，通常用均值填充，行情类数据多用上一个交易日数据填充。

（二）数据逻辑原因

以商誉数据为例

```
df = get_fundamentals(query(balance.code,balance.good_will)) #获取商誉数据
df.head(5)
        code          good_will
0   000001.XSHE   7.568000e+09
1   000002.XSHE   2.119612e+08
2   000004.XSHE        NaN
3   000005.XSHE   2.224360e+08
4   000006.XSHE        NaN
len(df),len(df)-len(df.dropna()) #检查商誉为空值的个数
(3638, 1556)
#进行0值填充
df_adjust = df['good_will'].fillna(value = 0) #空值填充文档参考链接:https://pandas.pydata.org/pandas-docs/stable/reference/api/pandas.DataFrame.fillna.html
df_adjust = df['good_will'].fillna(value = df['good_will'].mean()) #平均值填充方法
```

```
df_adjust.head(5)
0       7.568000e+09
1       2.119612e+08
2       0.000000e+00
3       2.224360e+08
4       0.000000e+00
Name: good_will, dtype: float64
#空值填充后数量检查
len(df_adjust),len(df_adjust)-len(df_adjust.dropna()) #检查商誉为空值的个数
(3638, 0)
```

(三)策略逻辑原因

有些数据按照策略思路进行构造,也会使研究的数据为空,如需要统计公司三年业绩回报,可是有些公司数据只有两年这种情况,可以根据策略需要进行取舍,进行剔除操作或者拿两年的均值进行填充。

```
#获取中证 500 股票近三年的 roe_ttm 数据↔
import pandas as pd
import numpy as np
#获取中证 500 股票近三年的 roe_ttm 数据
from jqfactor import *
#取值函数
#注意因子设置和时间设置
#这里我们获取 roe_ttm 数据
pool = get_index_stocks('000905.XSHG') #股票池设置
#聚宽因子值获取
factor_data_dict_2019 = get_factor_values(securities=pool, factors=['roe_ttm'], end_date='2019-02-15', count=1)
factor_data_dict_2018 = get_factor_values(securities=pool, factors=['roe_ttm'], end_
```

```
date='2018-02-15', count=1)
    factor_data_dict_2017 = get_factor_values(securities=pool, factors=['roe_ttm'], end_date='2017-02-15', count=1)
    #格式转换
    factor_roettm_df_2019 = pd.DataFrame(factor_data_dict_2019['roe_ttm'])
    factor_roettm_df_2018 = pd.DataFrame(factor_data_dict_2018['roe_ttm'])
    factor_roettm_df_2017 = pd.DataFrame(factor_data_dict_2017['roe_ttm'])
    #进行合并
    data0 = pd.concat([factor_roettm_df_2019,factor_roettm_df_2018,factor_roettm_df_2017]).T.mean(axis=1)
    data0 = pd.DataFrame(data0,index=data0.index)
    data0.columns=['roe_ttm']
    data0.head(5)
    roe_ttm
    code
    000006.XSHE    0.140549
    000008.XSHE    0.081482
    000009.XSHE    0.041423
    000012.XSHE    0.093020
    000021.XSHE    0.070811
    #筛选出值为空的股票
    print(len(data0))
    test = data0.isnull()
    test[test['roe_ttm']==True]
    500
    roe_ttm
    code
    002946.XSHE    True
    002948.XSHE    True
```

601615. XSHG   True

……………………………………

data0. dropna( ) #空值进行剔除 因为这里的空值为新股,不满足计算一个 ttm 的周期

len(data0)

500

了解完空值的情况后,我们看下负值如何处理。

(四)数据综合处理

如果了解市盈率指标,我们都知道,市盈率小的股票更具投资价值,为了寻找具有投资价值的股票,我们一般会通过对市盈率进行从小到大排序后,选出排在前面的股票。可是,还有些时候我们发现市盈率指标会出现负值,有负值存在的时候,排序取最小值就会取到市盈率为负的股票,这种时候负值的存在会给研究带来困扰,那么这种情况该怎么办?

如果直接剔除负值,我们会发现市盈率为负的股票并不少,全市场有四百多只,剔除会去掉大量的样本,我们需要继续保留这些信息,进行市盈率对收益影响的研究。

对此,我们可以通过取倒数规避这个问题。

#基础财务因子获取(这里获取了 pe,pb,roe)

factor_df = get_fundamentals (query (valuation. code, valuation. pe_ratio, valuation. pb_ratio, indicator.roe))

factor_df.isnull( ).any( ) #空值检查

```
code        False
pe_ratio    False
pb_ratio    False
roe         True
dtype: bool
```

factor_df.sort_values('pe_ratio').head(5) #按 PE 值从小到大进行排序,排在最前面的因子值为负

code	pe_ratio	pb_	ratio	roe
165	000586. XSHE	-82752. 0993	9. 5573	-0. 68
2278	600145. XSHG	-38078. 2420	4. 3800	-0. 01
2566	600503. XSHG	-9847. 0430	1. 5490	-0. 29
628	002167. XSHE	-9456. 3528	4. 4958	0. 18
2535	600463. XSHG	-3054. 6874	1. 9361	-0. 71

```
#将因子值数据以散点图展示
factor_df['x'] = list(range(len(factor_df))) #方便图表展示加入了标签列
factor_df.plot(kind='scatter',x='x',y='pe_ratio')
<matplotlib.axes._subplots.AxesSubplot at 0x7f431a7f7390>
```

因子数据散点图如图 6-1 所示。

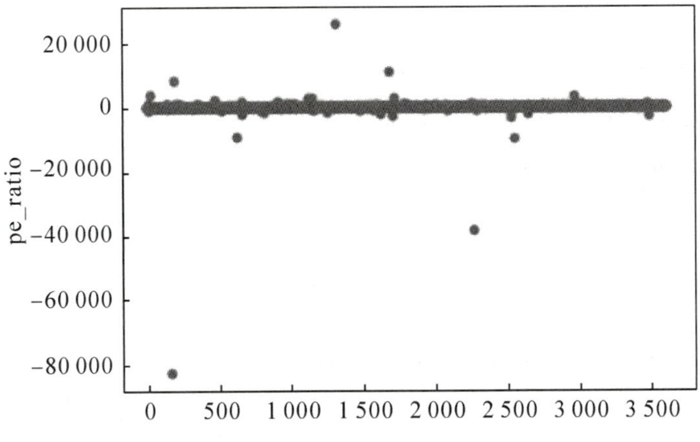

图 6-1 因子数据散点图

对负值指标进行取倒数操作。

```
factor_df['1/pe'] = 1/factor_df['pe_ratio']
factor_df.plot(kind='scatter',x='x',y='1/pe')
factor_df['1/pe'] = 1/factor_df['pe_ratio']
factor_df.plot(kind='scatter',x='x',y='1/pe')
```

<matplotlib.axes._subplots.AxesSubplot at 0x7f4319a6f9e8>

散点图如图 6-2 所示。

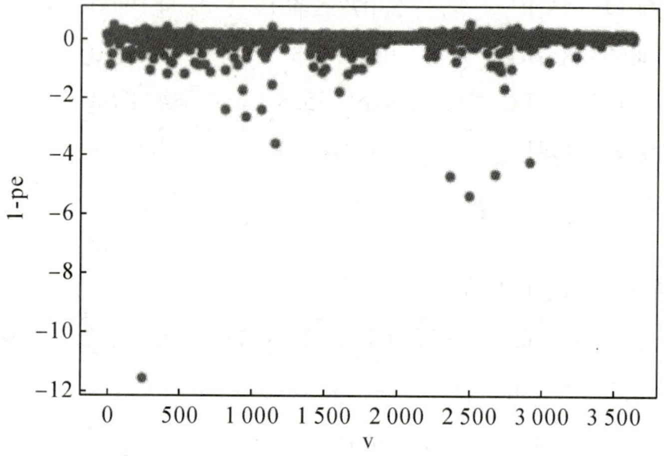

图 6-2　散点图

```
#取倒数前分布情况
factor_df['pe_ratio'].hist(bins= 100)
```

<matplotlib.axes._subplots.AxesSubplot at 0x7f4318d16358>

取倒数前分布情况如图 6-3 所示。

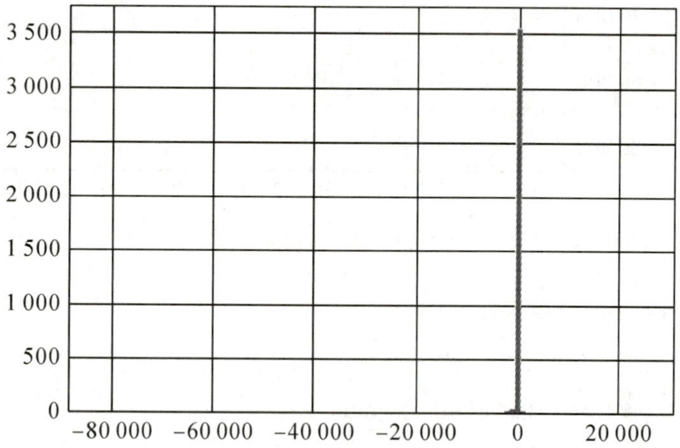

图 6-3　取倒数前分布情况

```
#取倒数后分布情况
factor_df['1/pe'].hist(bins= 100)
<matplotlib.axes._subplots.AxesSubplot at 0x7f4318c16128>
```

取倒数后分布情况如图 6-4 所示。

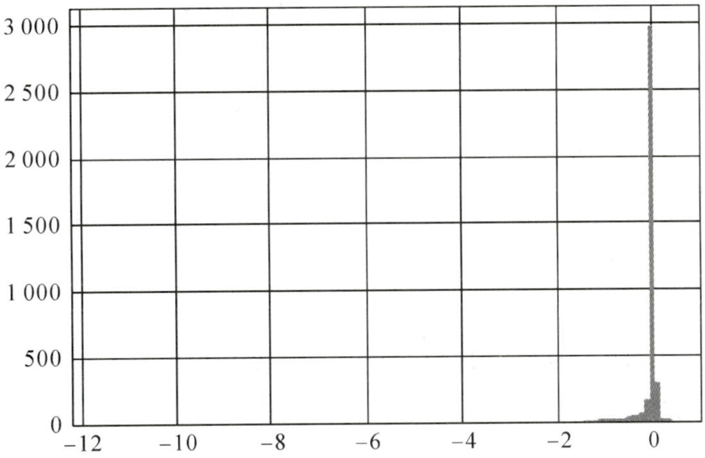

图 6-4　取倒数后分布情况

四、实验任务及要求

通过链接(www.fdsjfkd.com)获取数据 1 并进行分析,要求如下:

(1)对数据中的缺失进行均值填充。

(2)对数据中的缺失进行中位数填充。

(3)对数据中的缺失进行前值填充。

(4)利用链接(www.fdsjfkd.com)获取数据 2 及数据文档中设计的背景并进行分析填充。

实验二 去极值

一、实验目标与要求

1. 理解数据极值在具体事例中的经济学含义和极值处理的基本原理。
2. 掌握极值处理的基本方法。

二、实验相关知识

通常在我们拿到因子数据时发现一些数值太过极端,与整体数据格格不入,导致数据被统计指标失真,这些极端数据被称为离群值,大多数的参数统计数值,如均值、标准差、相关系数等,以及基于这些参数的统计分析,均对离群值高度敏感。因此,离群值的存在会对数据分析造成极大影响。

在因子处理过程中都会遇到这个问题,去极值的好处是可以消除因子极值对因子实际效果造成的不必要的影响。常见的方法有百分位去极值、标准化去极值、MAD 中位数去极值。

百分位去极值:直接以上下百分位为边界,将边界外数据归为边界上数据,这种方法目前行业内一般不使用。

标准化去极值:该方法又称为标准差法。标准差本身可以体现因子的离散程度,是基于因子的平均值 Xmean 而定的。在离群值处理过程中,可通过 $Xmean \pm n\sigma$ 来衡量因子与平均值的距离。标准差法处理的逻辑与 MAD 法类似,首先计算出因子的平均值与标准差,其次确认参数 n(这里选定 n=3,3 个标准差以内概率为 99.73%),从而确认因子值

的合理范围为［Xmean-nσ，Xmean nσ］

MAD 中位数去极值：由于常见的 3σ 去极值法是基于样本服从正态分布这个假设的，但往往我们发现大部分因子值的分布都并不服从正态分布，厚尾分布的情况较为普遍。因此我们采用更加稳健的 MAD 法（median absolute deviation，绝对中位数法）

首先计算因子值的中位数 Medianf，并定义绝对中位值为 11. png，采取与 3σ 法等价的方法，我们将大于 Medianf+ 3 ＊MAD 的值或小于 Medianf-3 ＊ MAD 的值定义为异常值。在对异常值做处理时，需要根据因子的具体情况来决定是直接剔除异常值，还是将异常值设为上下限的数值，常用的方法是后者。操作步骤：

1. 找出所有因子的中位数 median。
2. 计算所有因子与 1 中的 median 的差值，绝对值的中位数 MAD。
3. 确定边界［median-nMAD，median+nMAD］。

```
from jqfactor import *
import numpy as np
```

三、实验案例

（一）去极值以 roe 为例

```
#基础财务因子 roe 获取(这里获取了 pe,pb,roe)
factor_df = get_fundamentals(query(valuation.code, valuation.pe_ratio, valuation.pb_
ratio,indicator.roe))
factor_df.isnull().any() #空值检查


code         False
pe_ratio     False
pb_ratio     False
roe          False
dtype: bool
#将因子值数据以散点图展示
factor_df['x'] = list(range(len(factor_df)))
```

```
factor_df.plot(kind='scatter',x='x',y='roe')
<matplotlib.axes._subplots.AxesSubplot at 0x7f1bf4d47a90>
```

因子数据散点图如图 6-5 所示。

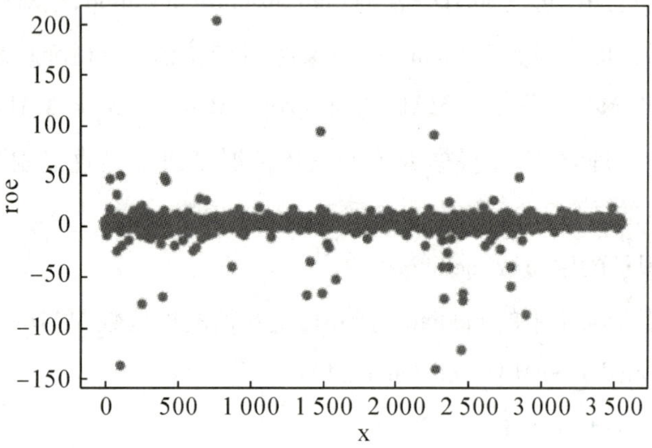

图 6-5　因子数据散点图

```
#进行数据特征统计描述
factor_df['roe'].describe()
count        3551.000000
mean            1.731888
std             7.891745
min          -141.950000
25%             0.560000
50%             1.730000
75%             3.155000
max           201.590000
Name: roe, dtype: float64
#数据分布情况展示
factor_df['roe'].hist(bins=100)
<matplotlib.axes._subplots.AxesSubplot at 0x7f1bf4dd3a90>
```

数据分布情况展示如图 6-6 所示。

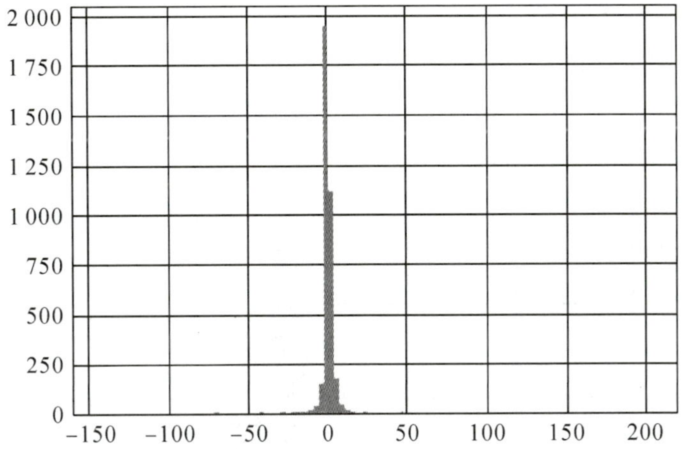

图 6-6 数据分布情况展示

```
#进行不同阈值设置的百分位去极值操作
factor_df['roe_qw'] = winsorize(factor_df['roe'], qrange=[0.01,0.99], inclusive=True, inf2nan=True, axis=1) #+-1%百分位去极值
factor_df['roe_qw3'] = winsorize(factor_df['roe'], qrange=[0.03,0.97], inclusive=True, inf2nan=True, axis=1) #+-3%百分位去极值
factor_df['roe_qw5'] = winsorize(factor_df['roe'], qrange=[0.05,0.95], inclusive=True, inf2nan=True, axis=1) #+-5%百分位去极值
factor_df['roe_qw10'] = winsorize(factor_df['roe'], qrange=[0.10,0.90], inclusive=True, inf2nan=True, axis=1) #+-10%百分位去极值
print(factor_df['roe_qw'].describe())
factor_df['roe_qw'].hist(bins=100)#前后 1%数据设置为边界数据值
count      3551.000000
mean          1.874155
std           3.188658
min         -14.220000
25%           0.560000
50%           1.730000
75%           3.155000
```

max   12.590000

Name: roe_qw, dtype: float64

<matplotlib.axes._subplots.AxesSubplot at 0x7f1c257293c8>

实验操作结果如图 6-7 所示。

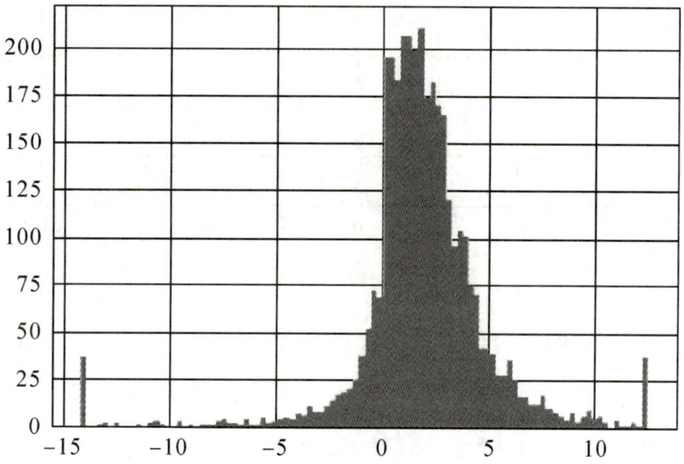

图 6-7　实验操作结果(1)

factor_df['roe_qw3'].hist(bins=100)#前后 1%数据设置为边界数据值

<matplotlib.axes._subplots.AxesSubplot at 0x7f1bed21bc18>

实验操作结果如图 6-8 所示。

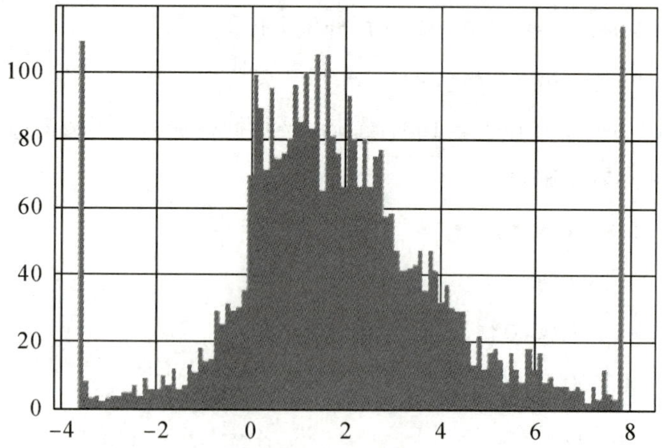

图 6-8　实验操作结果(2)

factor_df[´roe_qw5´].hist(bins=100)#前后1%数据设置为边界数据值

<matplotlib.axes._subplots.AxesSubplot at 0x7f1bed1362e8>

实验操作结果如图6-9所示。

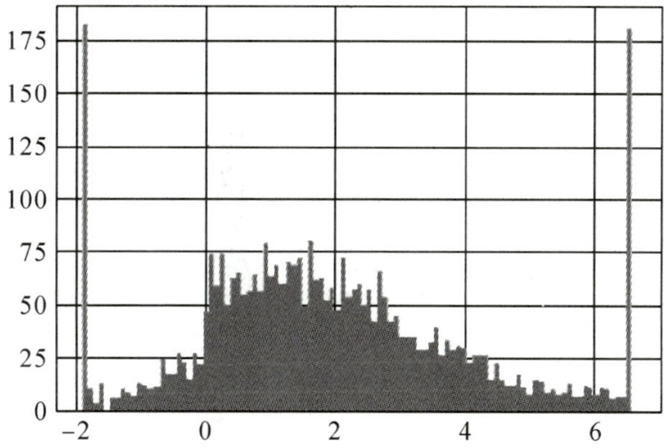

图6-9 实验操作结果(3)

可能遇到的问题:

如果做单因子策略,最终进行排序选股,在选股较少的情况下,去极值操作会损失头部或者尾盘的股票排名。

比如20只股票在阈值范围外,而我们选前5只股票,就会出现问题

(二)3σ去极值法

#以上面的roe数据为例

factor_sw = winsorize(factor_df[´roe´], scale=3, inclusive=True, inf2nan=True, axis=1) #标准差去极值方法

factor_sw.hist(bins=100)

<matplotlib.axes._subplots.AxesSubplot at 0x7f1becfe5828>

实验操作结果如图6-10所示。

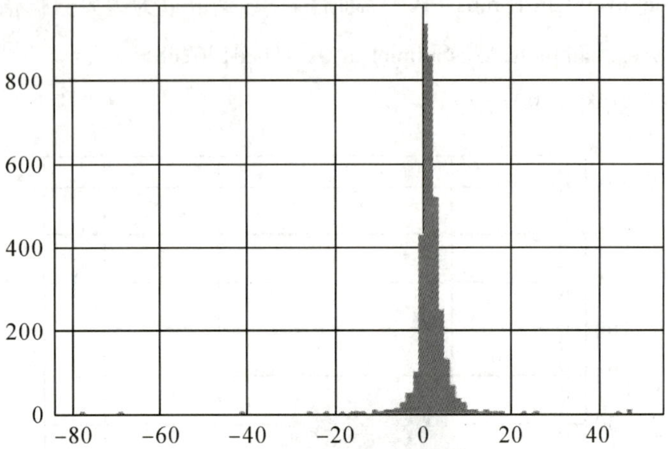

图 6-10　实验操作结果(4)

绝对值中位数法:

factor_med = winsorize_med(factor_df['roe'], scale=3, inclusive=True, inf2nan=True, axis=1) #中位数去极值

factor_med.hist(bins=100)

<matplotlib.axes._subplots.AxesSubplot at 0x7f1bece65518>

实验操作结果如图 6-11 所示。

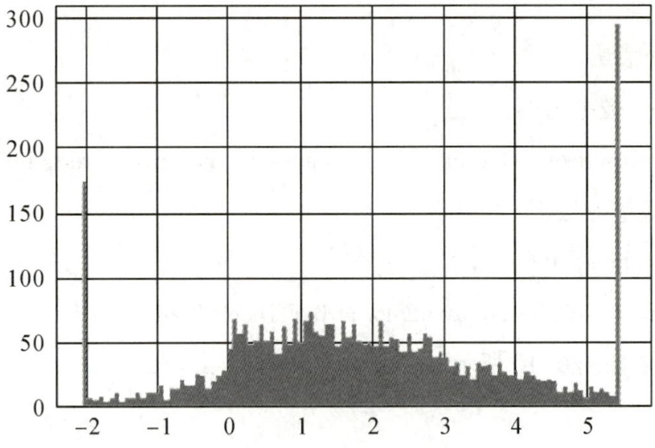

图 6-11　实验操作结果(5)

四、实验任务及要求

获取某一股票或期货数据并进行分析，要求如下：

(1)对数据中的缺失进行均值填充。

(2)对数据中的缺失进行中位数填充。

(3)对数据中的缺失进行前值填充。

(4)对数据中的极值进行极值处理。

实验三 标准化

一、实验目标与要求

1. 理解数据标准化的必要性及优势。
2. 掌握数据标准化的方法。

二、实验相关知识

标准化处理是数据挖掘的一项基础工作。不同评价指标往往具有不同的量纲，数值间的差别可能很大，不进行处理可能会影响到数据分析的结果。为了消除指标之间的量纲和取值范围差异的影响，需要进行标准化处理，将数据按照比例进行缩放，使之落入一个特定的区域，便于进行综合分析。同时，数据标准化后加快了梯度下降求最优解的速度，有利于进一步应用线性回归、支持向量机、神经网络等方法。

z_score:将数据转化为均值为 0,标准差为 1 的数据。公式为

$x*i=xi-x\sigma$,其中 x 为原始数据的均值,σ 为原始数据的标准差;

$xi*=xi-\bar{x}\sigma$,其中 $\bar{x}$ 为原始数据的均值,σ 为原始数据的标准差。

其含义可理解为“给定数据距离其均值多少个标准差”。此方法可以直接使用聚宽函数 standardlize( )实现。

最小-最大标准化,也称为离散标准化,是对原始数据的线性变换,将数据值映射到[0, 1]。转换公式为

$x*i=xi-minmax-min$,其中 max 为原始数据中的最大值,min 为原始数据中的最小值。

$xi*=xi-minmax-min$ 其中 max 为原始数据中的最大值,min 为原始数据中的最小值。

这种处理方法的缺点是若数值集中且某个数值很大,则规范化后各值接近于 0,并且将会相差不大。(如[1, 1.1, 1.2, 1.3, 1.4, 9.8]).

另外,若将来遇到超过目前数据[min, max]取值范围的时候,会引起系统报错,需要重新确定 min 和 max。

三、实验案例

推荐使用 z_score 方法进行标准化,这也是目前业内普遍采用的方法。

```
#以总市值 market_cap 和市盈率 pe_ratio 为例
date = '2018-12-31'
all_stock = get_index_stocks('000300.XSHG', date)
q=query(valuation.market_cap,valuation.pe_ratio,valuation.code).filter(valuation.code.in_(all_stock))
df = get_fundamentals(q, date)
df.index = df['code']
del df['code']
df.describe()
```

	market_cap	pe_ratio
count	300.000000	300.000000
mean	954.063246	23.209708
std	1990.190938	82.182402
min	132.098100	-642.878600
25%	258.375650	9.211650
50%	379.826900	15.920100
75%	764.558250	27.565950
max	18414.757800	779.085200

```
df.plot.hist(subplots = True,bins=200)
array([<matplotlib.axes._subplots.AxesSubplot object at 0x7f92e13c7898>,
       <matplotlib.axes._subplots.AxesSubplot object at 0x7f92e13da198>],
      dtype=object)
```

实验操作结果如图 6-12 所示。

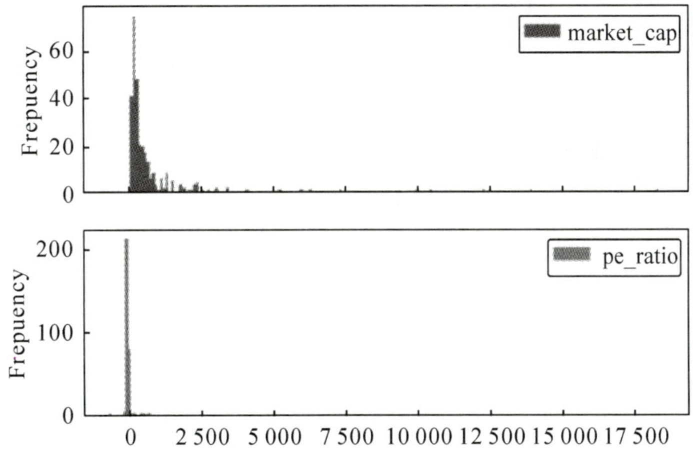

图 6-12 实验操作结果(6)

对原数据直接处理量纲差距较大,不存在可比性。

```
from jqfactor import *
#z_score 标准化
df2 = standardlize(df, axis = 0)
df2.describe()
```

	market_cap	pe_ratio
count	3.000000e+02	3.000000e+02
mean	-6.064593e-17	-5.999830e-17
std	1.001671e+00	1.001671e+00
min	-4.136983e-01	-8.118541e+00
25%	-3.501423e-01	-1.706137e-01
50%	-2.890154e-01	-8.884856e-02
75%	-9.537860e-02	5.309556e-02
max	8.788036e+00	9.212902e+00

```
df2.plot.hist(subplots = True,bins=100)
array([<matplotlib.axes._subplots.AxesSubplot object at 0x7f92e12c2940>,
       <matplotlib.axes._subplots.AxesSubplot object at 0x7f92e11dc0f0>],
      dtype=object)
```

实验操作结果如图 6-13 所示。

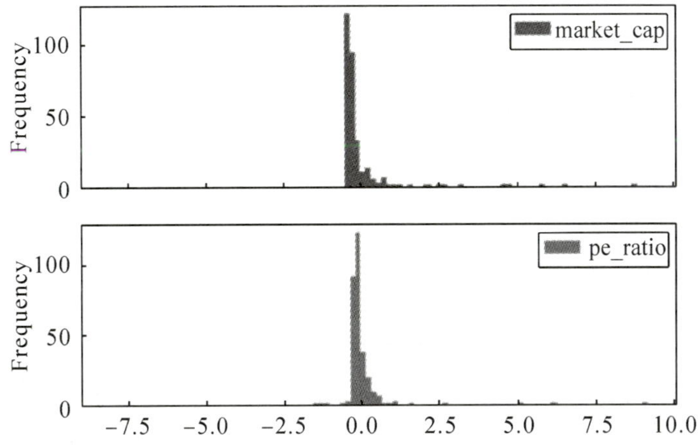

图 6-13 实验操作结果(7)

z_score 处理消除量纲影响,使两个数据可以进行比较。

#最小-最大标准化

df3 = (df - df.min()) / (df.max() - df.min()) #自己构造一个(最小-最大标准化)归一化方法

df3. describe()

	market_cap	pe_ratio
count	300. 000000	300. 000000
mean	0. 044959	0. 468428
std	0. 108857	0. 057795
min	0. 000000	0. 000000
25%	0. 006907	0. 458584
50%	0. 013550	0. 463302
75%	0. 034593	0. 471492
max	1. 000000	1. 000000

df3. plot.hist(subplots = True, bins=100)

array([<matplotlib.axes._subplots.AxesSubplot object at 0x7f92e0ed21d0>,

<matplotlib.axes._subplots.AxesSubplot object at 0x7f92e0e75198>],
dtype=object)

实验操作结果如图 6-14 所示。

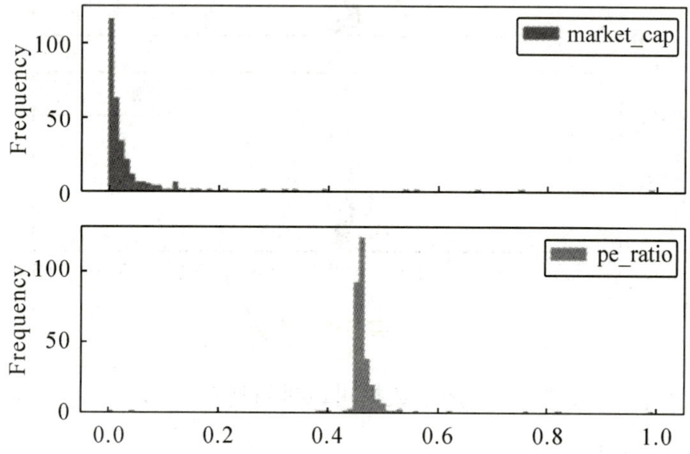

图 6-14　实验操作结果(8)

最小-最大标准化方法会由于数据集中位置不同而影响数据分析。

四、实验任务及要求

获取某一股票或期货数据并进行分析,要求如下:

(1)对数据中的缺失进行均值填充。

(2)对数据中的缺失进行中位数填充。

(3)对数据中的缺失进行前值填充。

(4)对数据中的极值进行极值处理。

(5)对数据进行标准化处理。

实验四 中性化

一、实验目标与要求

1. 理解数据中性化的含义。
2. 通过实验掌握数据中性化的处理过程。

二、实验相关知识

因子值本身会受多种因素影响，不同的市值、行业和风格，因子的表现都不一样，为了剔除待使用数据中那些多余的风险暴露，就要对因子值进行中性化处理，一般在研究的时候都会对市值和行业进行中性化处理。在具体使用的时候，我们需要根据所选因子值的逻辑来做一些判断，比如研究量价因子的时候，换手率本身也是需要考虑的方面。比如研究财务因子的时候，动量、成长、价值因子等大类因子，都是需要考虑的方面。

行业中性化通常有两种方法：

（一）简单的标准化法

利用申万行业指数，将各个行业内股票的因子进行标准化处理，即减均值除标准差。

（二）回归取残差法

将因子值作为 y，行业哑变量作为 x，进行线性回归，回归模型的残差即为行业中性化后的因子值。市值中性化因为市值因子是连续的，所以采用的是回归取残差法，因子值作为 y，市值作为 x。

A 股市场中有一些显著影响个股收益率的因素，例如行业因素和市值因素。市值因子在过去的很长一段时间内都是 A 股市场上影响股票收益显著性极高的一个因子，为了能够在单因子测试时得到因子真正收益情况，我们在回归测试时对市值因子也做了剔除。加入行业因子和市值因子后，单因子测试的回归方程如下所示：

$$\begin{bmatrix} r_{ti} \\ \vdots \\ r_{tn} \end{bmatrix} = \begin{bmatrix} \beta_{t11} I_{t1u} & \cdots & L_{t1v} m_{t1m} \\ \vdots \quad \vdots & \cdots & \vdots \quad \vdots \\ \beta_{t1n1} I_{t1nu} & \cdots & L_{tnv} m_{tnm} \end{bmatrix} \cdot \begin{bmatrix} f_{ti} \\ \vdots \\ f_{tn} \end{bmatrix} + \begin{bmatrix} \mu_{ti} \\ \vdots \\ f_{tn} \end{bmatrix} + \begin{bmatrix} \mu_{ti} \\ \vdots \\ \mu_{tn} \end{bmatrix}$$

其中：β_{tiu} 代表股票 i 在所测试因子上的因子暴露；I_{tiu} 代表股票 i 的行业因子暴露[$Itiu$ 为哑变量（dummy variable），即股票属于某个行业则该股票在该行业的因子暴露等于 1，在其他行业的因子暴露等于 0]。此处，我们将选用中信一级行业分类作为行业分类标准。m_{tim} 代表股票 i 的市值因子暴露。

三、实验案例

```
#工具函数
import numpy as np
import pandas as pd
from jqfactor import *
from jqdata import *
行业中性化：以 roe-ttm 为例（动态收益率）
#以 roe_ttm 为例，获取指定日期的 ROE 因子值
from jqfactor import *
pool = get_index_stocks('000906. XSHG')
data0 = get_factor_values(pool, ['roe_ttm'], end_date = '2019-02-18', count = 1)
['roe_ttm'].T
data0. columns = ['roe_ttm']
data0 =data0. dropna()
print(len(data0))
data0. head(5)
```

```
792
roe_ttm
000001.XSHE    0.104119
000002.XSHE    0.204684
000006.XSHE    0.168468
000008.XSHE    0.123579
000009.XSHE    0.021262

#添加行业标签
#为了展示中性化前后效果,策略回测模块有更方便的获取行业标签的方法
date='2019-02-18'
#给股票加入行业标签
from jqdata import *
#构造一个 index 为股票名称,columns 为行业代码的表格
industry = get_industries(name = 'sw_l1').index.tolist()
stock_hy_dict = {}
for stock in data0.index:
    stock_hy_dict[stock] = np.NaN
    for ind in industry:
        ind_pool = get_industry_stocks(ind,date=date)
        if stock in ind_pool:
            stock_hy_dict[stock] = ind
data0['hy'] = [stock_hy_dict[stock] for stock in data0.index]

(data0.groupby(data0['hy']).mean()).plot(kind='bar')#801040 是钢铁行业
<matplotlib.axes._subplots.AxesSubplot at 0x7f54eb0b8fd0>
```

实验操作结果如图 6-15 所示。

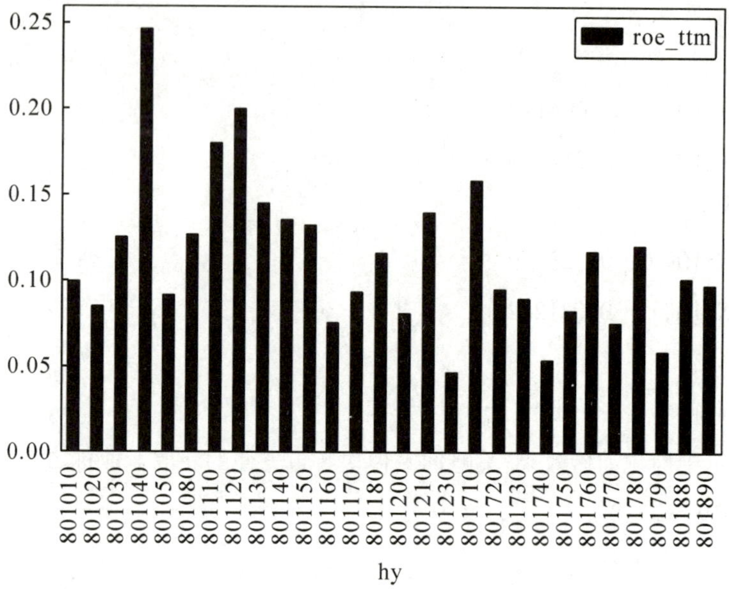

图 6-15　实验操作结果(9)

#查看 ROE_ttm 最高的前 20 只股票

data0. sort_values(´roe_ttm´,ascending=0).head(20)

roe_ttmhy

000717. XSHE	0. 620160	801040
600507. XSHG	0. 590768	801040
600516. XSHG	0. 546637	NaN
601003. XSHG	0. 506243	801040
002027. XSHE	0. 500648	801760
600338. XSHG	0. 433816	801050
000537. XSHE	0. 417185	801180
000932. XSHE	0. 416580	801040
600309. XSHG	0. 399699	801030
002110. XSHE	0. 391123	801040

603260. XSHG	0. 379049	801050
603868. XSHG	0. 359517	801110
603288. XSHG	0. 327091	801120
600782. XSHG	0. 323826	NaN
300122. XSHE	0. 323268	801150
600519. XSHG	0. 322318	801120
000651. XSHE	0. 320464	801110
000895. XSHE	0. 320163	801120
600566. XSHG	0. 319946	801150
002460. XSHE	0. 319047	801050

```
#进行行业中性化操作,参考申万一级行业进行操作
neu_0 = neutralize(data0[['roe_ttm']], how = ['sw_l1'], date = date, axis = 0)#中性化处理
print(len(data0))
neu_0['hy'] = data0['hy'].values
(neu_0.groupby(neu_0['hy']).mean()).plot(kind='bar')#801040 是钢铁行业
792
<matplotlib.axes._subplots.AxesSubplot at 0x7f54d0af2a20>
```

实验操作结果如图 6-16 所示。

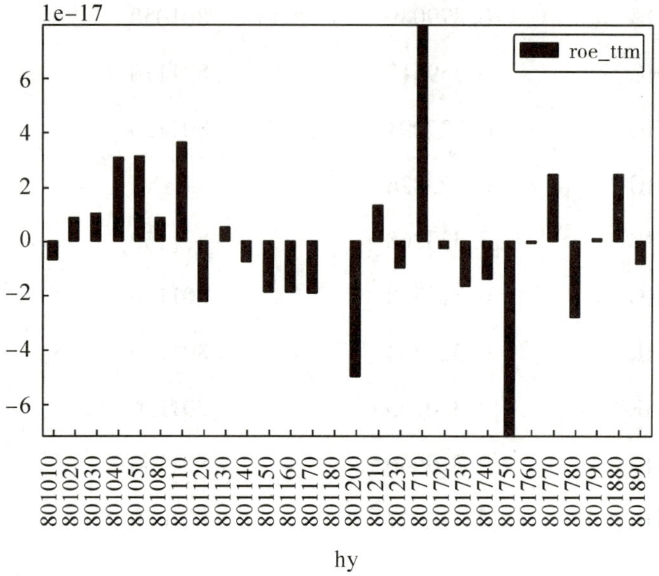

图 6-16 实验操作结果(10)

```
#进行行业和市值中性化处理
neu_1 = neutralize(data0[['roe_ttm']], how = ['sw_l1','market_cap'], date = date,
axis = 0)#中性化处理
print(len(data0))
neu_1['hy'] = data0['hy'].values
(neu_1.groupby(neu_1['hy']).mean()).plot(kind='bar')#
792
<matplotlib.axes._subplots.AxesSubplot at 0x7f54d0a12dd8>

#以市场风险 BETA(贝塔)对收益进行贝塔中性化为例
#风险因子中性化示例
pool = get_index_stocks('000016.XSHG')
print(pool[:3])
df_price = get_price(pool,end_date='2019-2-13',count=1,fields=['close','pre_close
'],).iloc[:,0,:]
```

df_price[´pct´] = (df_price[´close´]/df_price[´pre_close´] - 1)

df_price[´pct´].plot.bar() #

[´600000. XSHG´, ´600016. XSHG´, ´600019. XSHG´]

<matplotlib.axes._subplots.AxesSubplot at 0x7f54d0b00e80>

实验操作结果如图 6-17 所示。

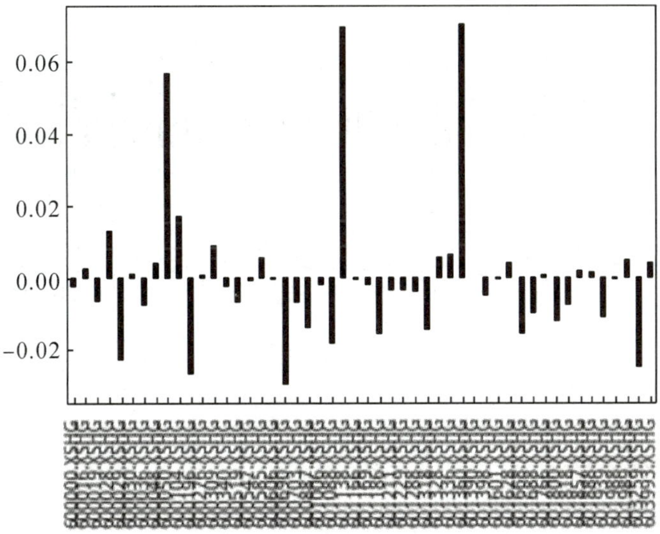

图 6-17 实验操作结果(11)

#bate 中性化

df_neu = neutralize(df_price[´pct´], how = [´beta´], date = ´2019-2-13´, axis = 1, fillna = None) df_neu.plot.bar()

<matplotlib.axes._subplots.AxesSubplot at 0x7f54cfb95550>

实验操作结果如图 6-18 所示。

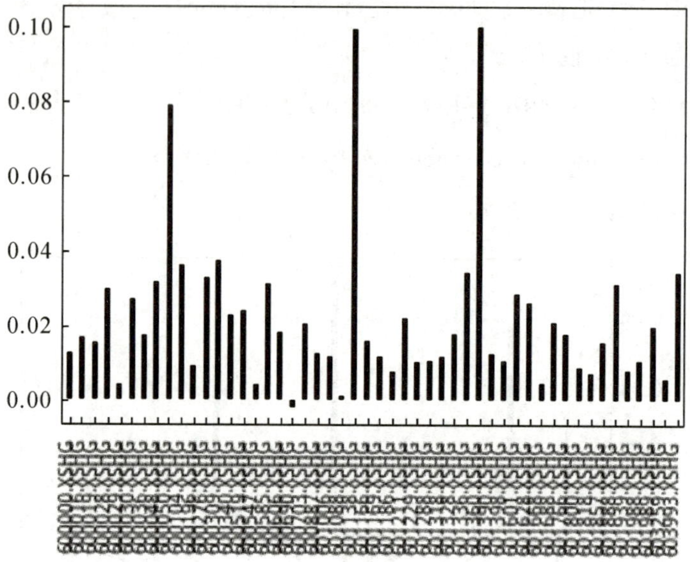

图 6-18　实验操作结果(12)

四、实验任务及要求

获取某一股票或期货数据进行分析,要求如下:

(1)对数据中的缺失进行均值填充。

(2)对数据中的缺失进行中位数填充。

(3)对数据中的缺失进行前值填充。

(4)对数据中的极值进行极值处理。

(5)对数据进行标准化处理。

(6)对数据进行中性化处理。

实验五 收益分析

一、实验目标与要求

1. 通过实验理解收益分析原理。
2. 通过该实验的学习掌握自建因子的收益分析。

二、实验相关知识

在收益分析中，主要从分位数的平均收益，各分位数的累积收益，以及分位数的多空组合收益三方面观察因子的表现。第一分位数的因子值最小，第五分位数的因子值最大。

分位数收益：表示持仓 1、5、10 天后，各分位数可以获得的平均收益。

分位数的累积收益：表示各分位数持仓收益的累计值。

多空组合收益：做多五分位（因子值最大），做空一分位（因子值最小）的投资组合的收益。

三、实验案例

```
#导入需要的数据库
from jqfactor import analyze_factor
from jqfactor import get_factor_values
```

```
#初始化
# 设置起止时间
start='2017-01-01'
end='2018-01-01'
# 设置调仓周期
periods=(1,5,20)
# 设置分层数量
quantiles=5
#导入因子数据
# 设置选择因子
factor='fixed_asset_ratio'
# 设置股票池
scu='000006.XSHG'
#获取因子值
factor_data=get_factor_values(securities=get_index_stocks(scu), factors=[factor], start_date=start, end_date=end)[factor]
#准备进行单因子分析
#使用获取的因子值进行单因子分析
far=analyze_factor(factor=factor_data,start_date=start, end_date=end, weight_method='avg', industry='jq_l1', quantiles=quantiles, periods=periods,max_loss=0.2)
/opt/conda/lib/python3.6/site-packages/jqdata/apis/data.py:159: UserWarning: 不建议继续使用 panel(pandas 未来版本将不再支持 panel,将来升级 pandas 后,您的策略会失败),建议 get_price 传入 panel=False 参数
  warnings.warn("不建议继续使用 panel(pandas 未来版本将不再支持 panel,将来升级 pandas 后,您的策略会失败")
#收益分析
# 收益能力速览
far.plot_returns_table(demeaned=False, group_adjust=False)
#收益分析
period_1    period_5    period_20
```

Ann. alpha -0.031 -0.006 -0.018

beta 0.778 0.824 0.774

Mean Period Wise Return Top Quantile (bps) -6.448 -5.648 -4.600

Mean Period Wise Return Bottom Quantile (bps) -2.309 -2.078 0.014

Mean Period Wise Spread (bps) -4.139 -3.375 -4.564

画各分位数平均收益图

far.plot_quantile_returns_bar(by_group=False, demeaned=0, group_adjust=False)

<Figure size 432x288 with 0 Axes>

各分位平均收益如图 6-19 所示。

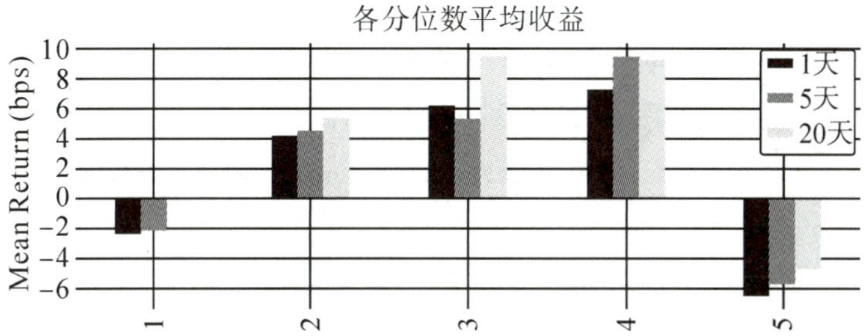

图 6-19 各分位平均收益图

画各行业平均收益图

far.plot_quantile_returns_bar(by_group=1, demeaned=False, group_adjust=False)

<Figure size 432x288 with 0 Axes>

各行业平均收益图如图 6-20、图 6-21 所示。

图 6-20 各行业平均收益图(1)

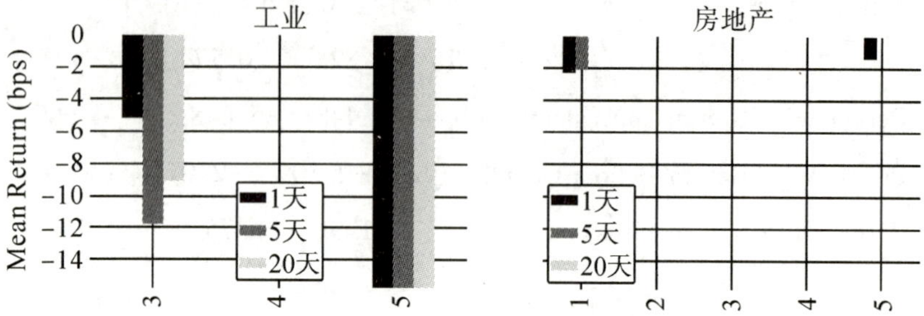

图 6-21　各行业平均收益图(2)

\# 各分位数累计收益率图

far.plot_cumulative_returns_by_quantile(period = periods, demeaned = 0, group_adjust = False)

<Figure size 432x288 with 0 Axes>

各分位累计收益率图如图 6-22 至图 6-24 所示。

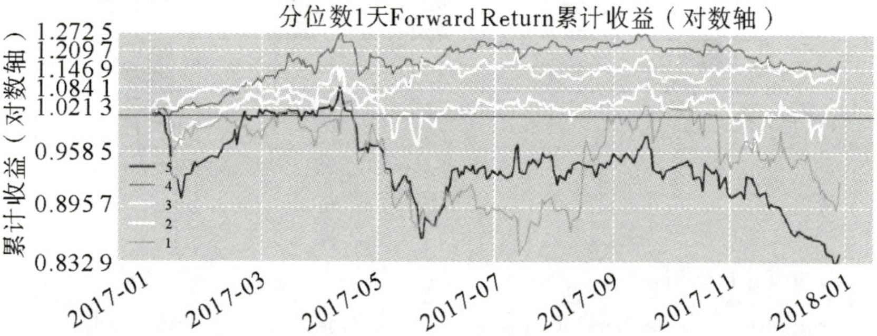

图 6-22　分位数 1 天累计收益率图

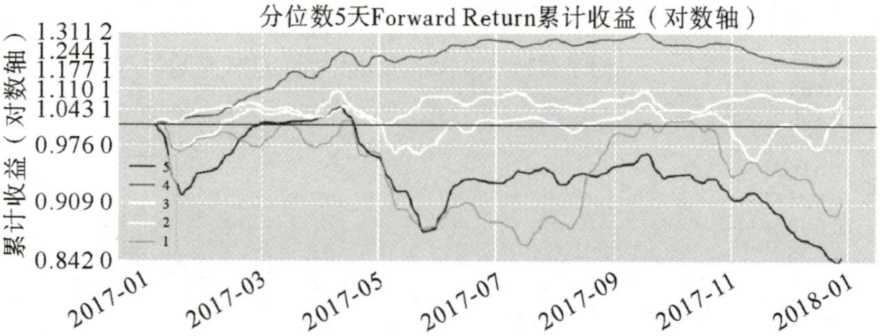

图 6-23　分位数 5 天累计收益率图

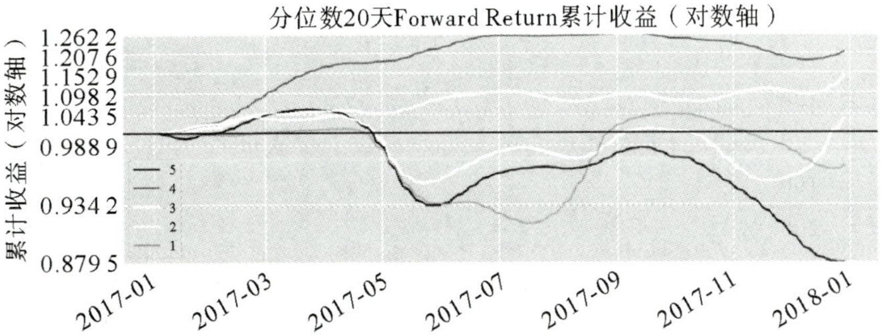

图 6-24　分位数 20 天累计收益率图

画最高分位减最低分位收益图

far.plot_mean_quantile_returns_spread_time_series(demeaned = False, group_adjust = False, bandwidth = 1)

<Figure size 432x288 with 0 Axes>

最高分位减最低分位收益图如图 6-25 至图 6-27 所示。

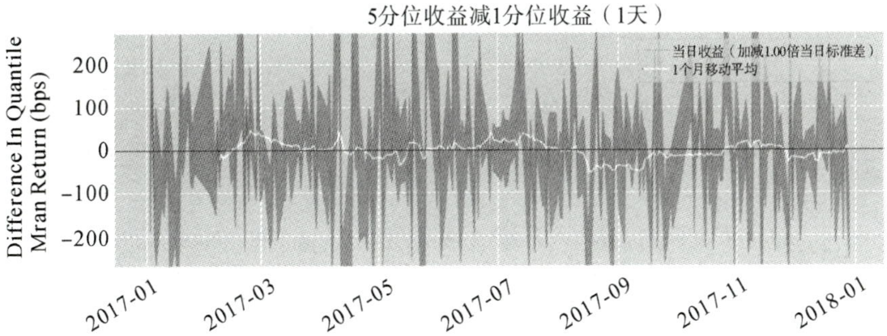

图 6-25　5 分位收益减 1 分位收益(1 天)图

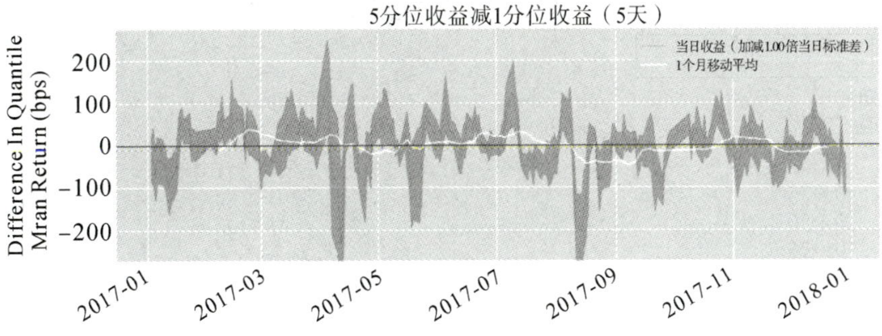

图 6-26　5 分位收益减 1 分位收益(5 天)图

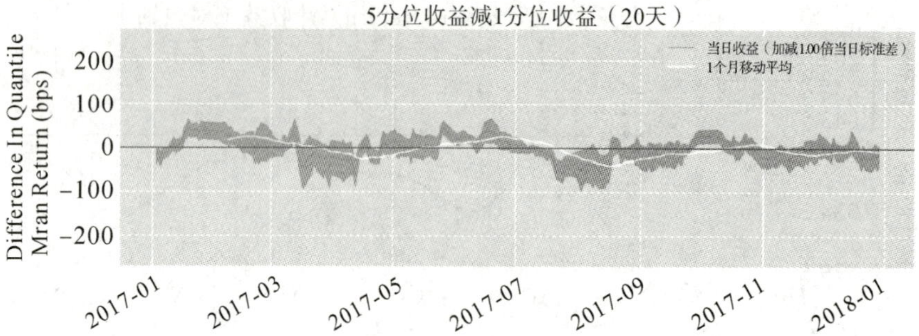

图 6-27　5 分位收益减 1 分位收益(20 天)图

```
# 画按因子值加权多空组合累计收益图

for i in periods:
    far.plot_cumulative_returns(period=i, demeaned=False, group_adjust=False)
<Figure size 432x288 with 0 Axes>
```

按因子值加权多空组合累计收益图如图 6-28 至图 6-30 所示。

图 6-28　按因子值加权多空组合累计收益图(1 天平均)

图 6-29　按因子值加权多空组合累计收益图(5 天平均)

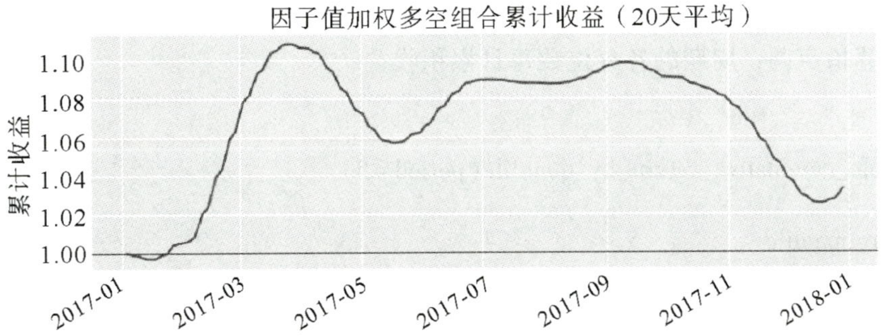

图 6-30　按因子值加权多空组合累计收益图(20 天平均)

分析数据的获取函数

分维度获得因子收益和标准差

far.calc_mean_return_by_quantile(by_date=0, by_group=0, demeaned=0, group_adjust=0)

```
(                period_1   period_5   period_20
factor_quantile
1              -0.000231  -0.001039   0.000028
2               0.000421   0.002268   0.010882
3               0.000622   0.002674   0.019225
4               0.000731   0.004730   0.018767
5              -0.000645  -0.002821  -0.009160,
                 period_1   period_5   period_20
factor_quantile
1               0.000631   0.001465   0.002727
2               0.000647   0.001449   0.003179
3               0.000626   0.001411   0.003205
4               0.000599   0.001322   0.002387
5               0.000540   0.001227   0.002105)
```

1

计算指定调仓周期的各分位数每日累积收益

2

far.calc_cumulative_return_by_quantile(period=5)

factor_quantile	5	4	3	2	1
date					
2017-01-03	0.999505	1.003612	1.002366	1.009678	1.002779
2017-01-04	0.996815	1.005787	1.003029	1.016657	1.002994
2017-01-05	0.992808	1.006552	1.002368	1.023015	1.003248
2017-01-06	0.988287	1.006673	1.001072	1.027132	1.002755
2017-01-09	0.981640	1.006436	0.998433	1.029263	1.000054
……					
2017-12-25	0.844948	1.206294	1.058491	1.031301	0.905125
2017-12-26	0.842452	1.209699	1.061574	1.041723	0.905485
2017-12-27	0.842186	1.214753	1.067867	1.052338	0.907117
2017-12-28	0.843981	1.222962	1.078928	1.065395	0.912157
2017-12-29	0.847604	1.232131	1.093113	1.080683	0.920037

244 rows × 5 columns

分维度获得 任意两分位数收益差和标准差

far.compute_mean_returns_spread(by_date=False, by_group=False, demeaned=False, group_adjust=False, upper_quant=1, lower_quant=5)

(period_1　　0.000414

period_5　　0.000357

```
period_20      0.000461
dtype: float64, period_1       0.000893
period_5       0.000414
period_20      0.000193
Name: 1, dtype: float64)
```

```
# 计算按因子值加权多空组合每日收益

far.calc_factor_returns(demeaned=0, group_adjust=False)
```

	period_1	period_5	period_20
date			
2017-01-03	0.004539	-0.006109	-0.047904
2017-01-04	0.000963	-0.029862	-0.047751
2017-01-05	-0.011017	-0.036143	-0.044213
2017-01-06	0.003841	-0.029817	-0.017294
2017-01-09	-0.004402	-0.061137	-0.018752
2017-01-10	-0.019596	-0.061524	-0.004921

……………………………………………………………

2017-12-19	-0.002078	-0.012305	0.039896
2017-12-20	-0.001486	-0.016973	0.036592
2017-12-21	-0.003884	-0.015754	0.034445
2017-12-22	-0.008651	-0.001031	0.035274
2017-12-25	0.003754	0.015051	0.052145
2017-12-26	-0.006936	0.015806	0.051659
2017-12-27	-0.000146	0.050802	0.055737

2017-12-28	0.010930	0.050045	0.062004
2017-12-29	0.007483	0.043370	0.036479

244 rows × 3 columns

```
# 计算指定调仓周期的按因子值加权多空组合每日累积收益
far.calc_cumulative_returns(period=5, demeaned=False, group_adjust=False)
date
2017-01-03        0.999755
2017-01-04        0.998301
2017-01-05        0.995388
2017-01-06        0.991286
2017-01-09        0.984702
……………………………………………
2017-12-27        1.001655
2017-12-28        1.006765
2017-12-29        1.013729
Length: 244, dtype: float64
```

四、实验任务及要求

1. 从基础因子列表中选取某一因子。
2. 对该因子进行数据清洗。
3. 对清洗完成后的因子进行收益分析。

实验六 IC 分析

一、实验目标与要求

1. 通过实验理解 IC 分析的原理。
2. 通过该实验的学习掌握自建因子的 IC 分析。

二、实验相关知识

IC 是 information coefficient 的缩写。IC 代表了预测值和实现值之间的相关性，通常用以评价预测能力。取值在-1~1，绝对值越大，表示预测能力越好。

IC 的计算，一般有两种方法，normal IC 与 rank IC。我们计算的是 rank IC。

normal IC：因子载荷与因子收益之间的相关系数。

rank IC：因子载荷的排序值与收益的排序值之间的相关系数。

(一) normal IC

IC(information coefficient 信息系数)的定义:t 期的因子载荷(因子值)和 t+1 期的因子收益之间的相关系数。

举个例子：

因子:Variance20 20 日收益方差。

股票池:000001. XSHE(平安银行)、000002. XSHE(万科 A)、000060. XSHE(中金岭南)、000063. XSHE(中兴通讯)、000069. XSHE(华侨城 A)

日期:2018 年 1 月 2 日

股票代码	因子值	下期股票收益
000001. XSHE	0. 120140	−0. 0267
000002. XSHE	0. 105666	−0. 0070
000060. XSHE	0. 07945	−0. 0547
000063. XSHE	0. 237343	0. 0269
000069. XSHE	0. 134598	0. 0057

(注:下期股票收益为股票下一交易日的涨幅。)

(二)rank IC

rank IC 和 IC 唯一的不同点就是在求相关系数时,换成秩相关系数,即 rank IC:t 期的因子载荷(因子值)的排序值和 t+1 期的因子收益的排序值之间的相关系数。

举个例子:

股票代码	因子值	因子值排名	下期股票收益	下期股票收益排名
000001. XSHE	0. 120140	3	−0. 0267	2
000002. XSHE	0. 105666	2	−0. 0070	3
000060. XSHE	0. 07945	1	−0. 0547	1
000063. XSHE	0. 237343	5	0. 0269	5
000069. XSHE	0. 134598	4	0. 0057	4

（注：下期股票收益为股票下一交易日的涨幅）

IC 值是对因子值和下期股票收益求相关系数，而 rank IC 值是对因子值排名和下期股票收益排名求相关系数，其值为 0.899 9。

现在更多的人选择用 rank IC 来代替普通的 IC，这是因为普通的 IC 求相关系数有一个前提条件，就是数据要服从正态分布，但金融类数据往往并不如此，所以现在更多人采用秩相关系数也就是 rank IC 来判断因子的有效性。

（三）常见问题或报错

ValueError：No objects to concatenate

检查下得到的因子数据索引的数据类型是否正常，index 为日期的 DatetimeIndex；可以使用 pandas 的 to_datetime 方法转换。

同时考虑到单日 IC 的波动较大，我们提供了 IC 的月度移动平均线作为参考。

三、实验案例

```
#导入需要的数据库
from jqfactor import analyze_factor
from jqfactor import get_factor_values

#导入需要的数据库
from jqfactor import analyze_factor
from jqfactor import get_factor_values
#初始化
# 设置起止时间
start='2017-01-01'
end='2018-01-01'
# 设置调仓周期
periods=(1,5,20)
# 设置分层数量
```

```
quantiles=5
#导入因子数据
# 设置选择因子
factor='roe_ttm'
# 设置股票池
scu='000300. XSHG'
#获取因子值
factor_data=get_factor_values(securities=get_index_stocks(scu), factors=[factor], start_date=start, end_date=end)[factor]
#准备进行单因子分析
#使用获取的因子值进行单因子分析
far=analyze_factor(factor=factor_data,start_date=start, end_date=end, weight_method='avg', industry='jq_l1', quantiles=quantiles, periods=periods,max_loss=0. 2)
```

信息分析速览

```
# 打印信息比率(IC)相关表
far.plot_information_table(group_adjust=False, method='rank')
```

IC 分析

	period_1	period_5	period_20
IC Mean	0. 027	0. 071	0. 138
IC Std.	0. 175	0. 193	0. 198
IR	0. 153	0. 368	0. 694
t-stat(IC)	2. 397	5. 741	10. 841
p-value(IC)	0. 017	0. 000	0. 000
IC Skew	−0. 184	−0. 186	−0. 473
IC Kurtosis	−0. 568	−0. 556	−0. 527

```
# 画信息比率(IC)时间序列图
```

far.plot_ic_ts(group_adjust=False, method='rank')

<Figure size 432x288 with 0 Axes>

IC 时间序列图如图 6-31 至图 6-33 所示。

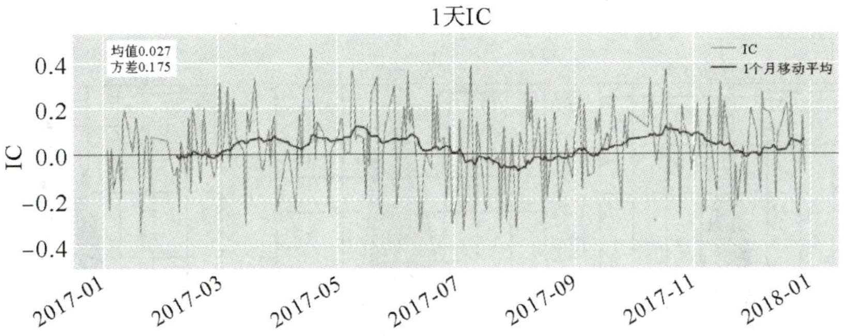

图 6-31　1 天 IC 时间序列图

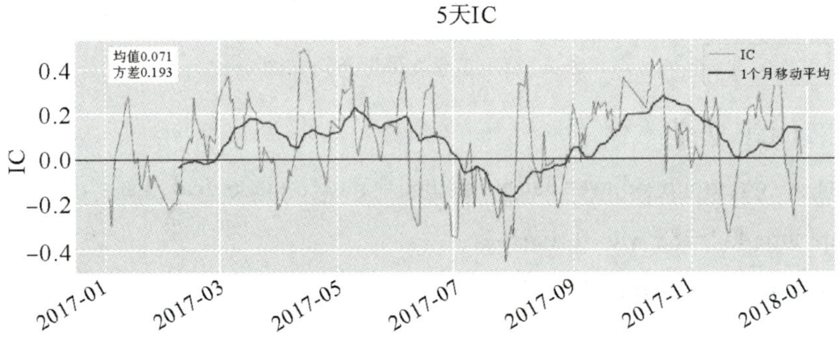

图 6-32　5 天 IC 时间序列图

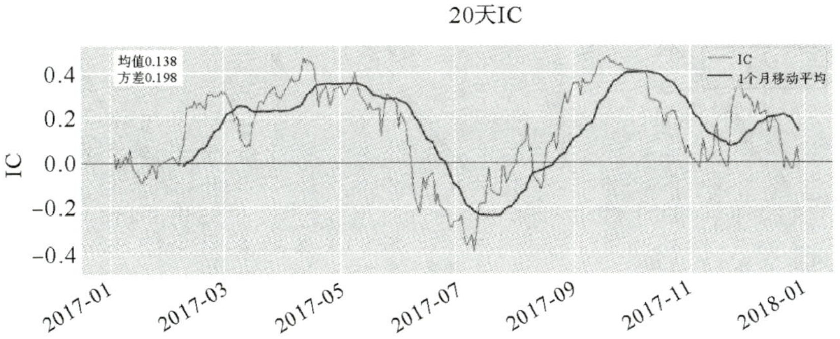

图 6-33　20 天 IC 时间序列图

画信息比率分布直方图

2

far.plot_ic_hist(group_adjust=False, method='rank')

<Figure size 432x288 with 0 Axes>

信息比率分布直方图如图 6-34 所示。

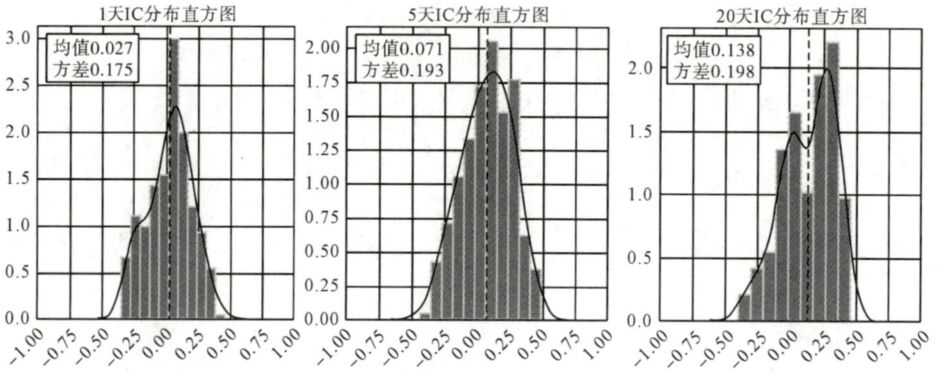

图 6-34　信息比率分布直方图

画信息比率 Q-Q 图

far.plot_ic_qq(group_adjust=False, method='rank', theoretical_dist='norm')

<Figure size 432x288 with 0 Axes>

信息比率 Q-Q 图如图 6-35 所示。

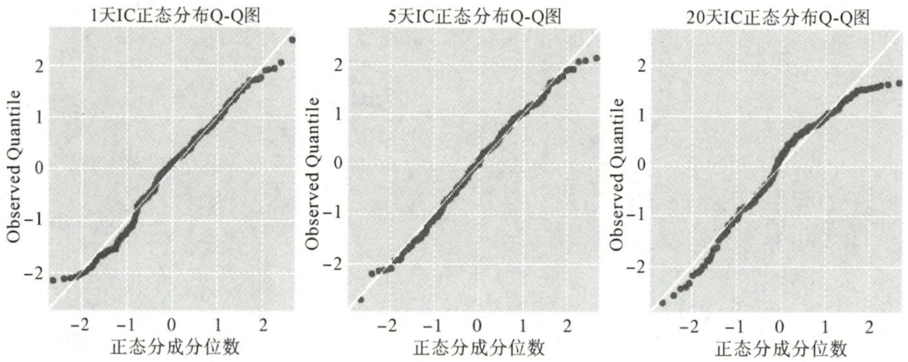

图 6-35　信息比率 Q-Q 图

画月度信息比率图

far.plot_monthly_ic_heatmap(group_adjust=False)

<Figure size 432x288 with 0 Axes>

月度信息比率图如图 6-36 所示。

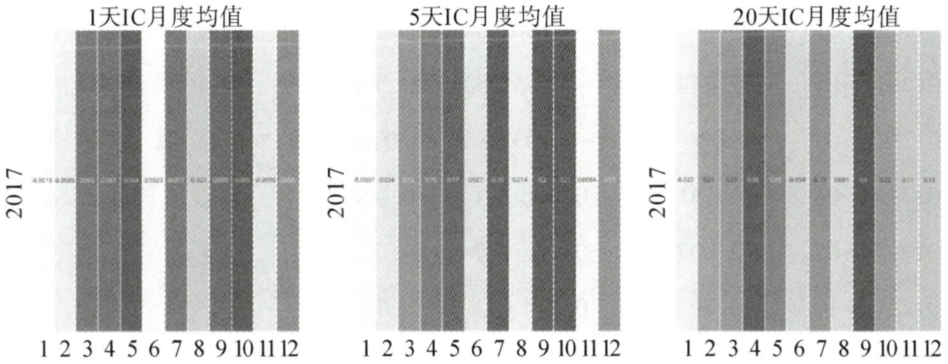

图 6-36　月度信息比率图

```
# 画按行业分组信息比率图
far.plot_ic_by_group(group_adjust=False, method='rank')
```

<Figure size 432x288 with 0 Axes>

按行业分组信息比率图如图 6-37 所示。

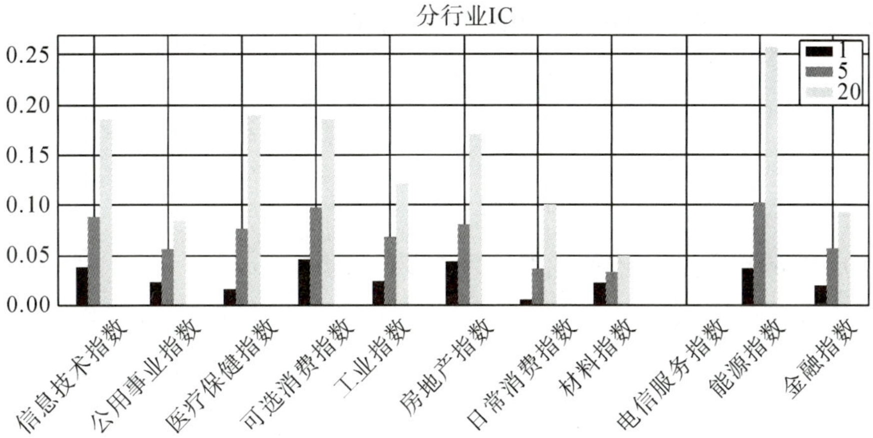

图 6-37　按行业分组信息比率图

```
# 分析数据的获取函数
# 计算每日因子 IC 值
far.calc_factor_information_coefficient()
```

	period_1	period_5	period_20
date			
2017-01-03	0. 025 697	-0. 166 784	0. 035 823
2017-01-04	-0. 244 344	-0. 295 963	-0. 030 466
2017-01-05	0. 026 829	-0. 103 786	0. 020 148
2017-01-06	-0. 151 303	0. 006 221	-0. 022 828
2017-01-09	-0. 007 761	0. 126 717	0. 027 683
2017-01-10	-0. 199 008	0. 144 641	-0. 000 653
2017-01-11	0. 154 389	0. 210 943	0. 054 883
……			
2017-12-26	-0. 264 805	-0. 148 981	-0. 025 753
2017-12-27	-0. 094 144	0. 037 192	0. 019 941
2017-12-28	0. 165 243	0. 117 801	0. 059 115
2017-12-29	-0. 082 004	0. 016 545	0. 000 312

244 rows × 3 columns

```
# 滞后 0-n 天因子收益信息比率(IC)的移动平均
far.calc_ic_mean_n_days_lag(n = 10, group_adjust = False, by_group = False, method = None)
```

	period_1	period_5	period_20
lag_0	0. 026 862	0. 070 955	0. 137 604
lag_1	0. 026 397	0. 071 783	0. 137 738
lag_2	0. 027 205	0. 073 206	0. 138 226

lag_3	0. 027 203	0. 073 776	0. 138 581
lag_4	0. 028 032	0. 074 005	0. 139 029
lag_5	0. 028 186	0. 073 664	0. 139 219
lag_6	0. 029 151	0. 072 951	0. 139 619
lag_7	0. 028 131	0. 072 153	0. 139 893
lag_8	0. 027 583	0. 071 369	0. 140 563
lag_9	0. 027 145	0. 070 519	0. 141 280
lag_10	0. 026 866	0. 070 780	0. 142 095

四、实验任务及要求

通过前期所学构建的因子进行 IC 分析。

实验七 换手率分析

一、实验目标与要求

1. 通过实验理解换手率分析的原理。
2. 通过该实验的学习掌握自建因子的换手率分析。

二、实验相关知识

因子的换手率是在不同的时间周期下，观察因子个分位中个股的进出情况。计算方法举例：某因子第一分位持有的股票数量为30只，一天后有一只发生变动，换手率为：$1/30\times100\%\approx3.33\%$。对于5日、10日的换手率，在每日都会对比当日1、5分位数的成分股与5日、10日前该分位数的成分股的变化进行计算。

因子分位数换手率的价值体现在两个方面。

因子稳定性的体现：换手率低的因子，因子值在时间序列层面的持续性更好。

衡量交易成本：在实际的交易过程中，假设我们要维护投资组合的因子暴露恒定，对于高换手率因子，则需要进行更多的交易。交易中的税费和滑点，也会吞噬掉我们的部分利润。

三、实验案例

```
#导入需要的数据库
from jqfactor import analyze_factor
from jqfactor import get_factor_values
# 初始化
# 设置起止时间
start='2017-01-01'
end='2018-01-01'
# 设置调仓周期
periods=(1,5,20)
# 设置分层数量
quantiles=5
# 导入因子数据
# 设置选择因子
```

```
factor='roe_ttm'
# 设置股票池
scu='000300.XSHG'
#获取因子值
factor_data=get_factor_values(securities=get_index_stocks(scu), factors=[factor],
start_date=start, end_date=end)[factor]
#准备进行单因子分析
#使用获取的因子值进行单因子分析
far=analyze_factor(factor=factor_data,start_date=start, end_date=end, weight_method
='avg', industry='jq_l1', quantiles=quantiles, periods=periods,max_loss=0.2)
换手率分析速览
# 打印换手率表
far.plot_turnover_table()
#换手率分析
```

	period_1	period_20	period_5
Quantile 1 Mean Turnover	0.004	0.058	0.015
Quantile 2 Mean Turnover	0.007	0.103	0.028
Quantile 3 Mean Turnover	0.007	0.108	0.029
Quantile 4 Mean Turnover	0.006	0.089	0.025
Quantile 5 Mean Turnover	0.003	0.047	0.013

	period_1	period_5	period_20
Mean Factor Rank Autocorrelation	0.999	0.995	0.979

```
# 画最高最低分位换手率图
far.plot_top_bottom_quantile_turnover(periods=periods)
<Figure size 432x288 with 0 Axes>
```

最高最低分位换手率图如图 6-38 至图 6-40 所示。

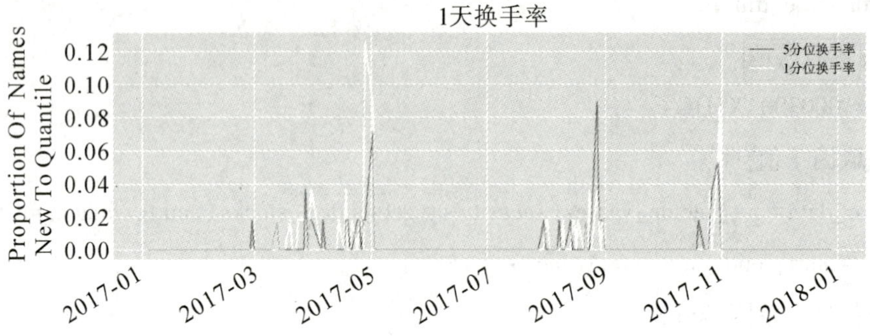

图 6-38 1 天最高最低分位换手率图

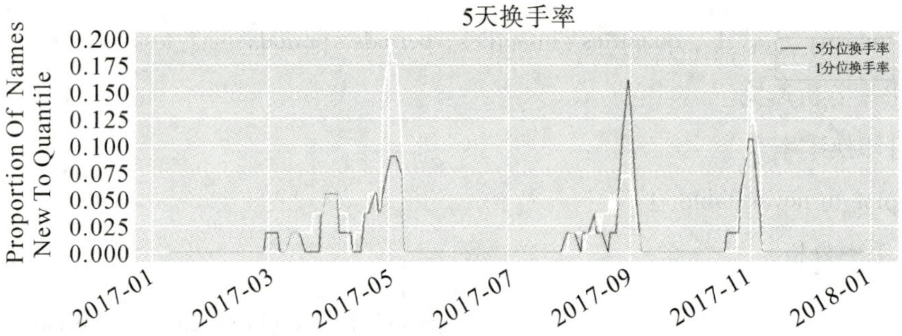

图 6-39 5 天最高最低分位换手率图

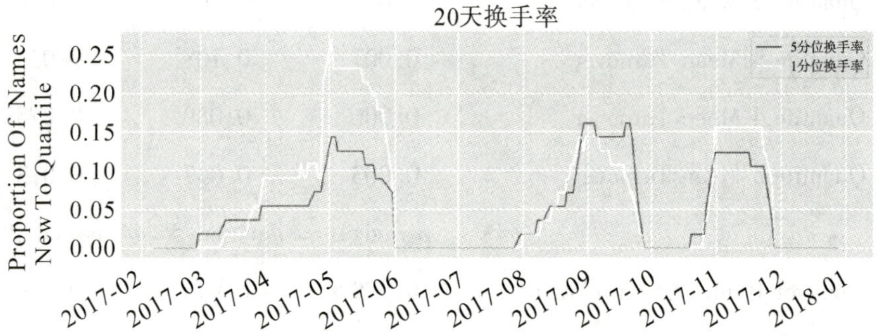

图 6-40 20 天最高最低分位换手率图

```
# 画因子自相关图
far.plot_factor_auto_correlation(rank=True)
```

<Figure size 432x288 with 0 Axes>

因子自相关图如图 6-41 至图 6-43 所示。

图 6-41　因子自相关图(滞后 1 天)

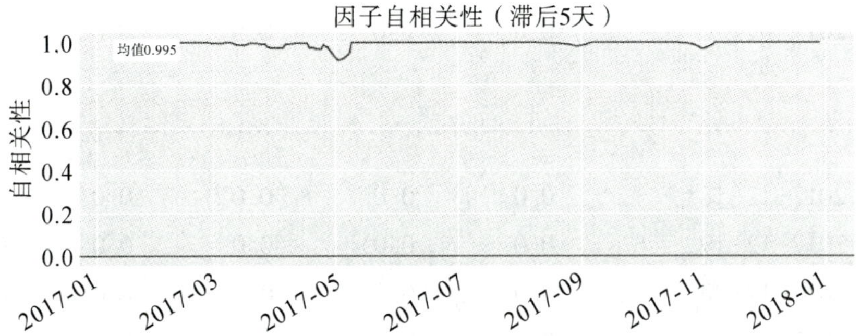

图 6-42　因子自相关图(滞后 5 天)

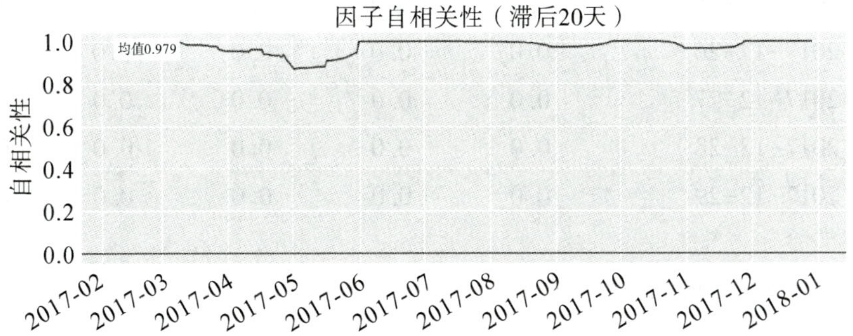

图 6-43　因子自相关图(滞后 20 天)

分析数据的获取函数

1

```
# 获取换手率
2
far.quantile_turnover
```

{´period_1´:

date	1	2	3	4	5
2017-01-03	NaN	NaN	NaN	NaN	NaN
2017-01-04	0. 0	0. 0	0. 0	0. 0	0. 0
2017-01-05	0. 0	0. 0	0. 0	0. 0	0. 0
2017-01-06	0. 0	0. 0	0. 0	0. 0	0. 0
2017-01-09	0. 0	0. 0	0. 0	0. 0	0. 0
2017-01-10	0. 0	0. 0	0. 0	0. 0	0. 0

……………………………………………………………………………………

2017-12-18	0. 0	0. 0	0. 0	0. 0	0. 0
2017-12-19	0. 0	0. 0	0. 0	0. 0	0. 0
2017-12-20	0. 0	0. 0	0. 0	0. 0	0. 0
2017-12-21	0. 0	0. 0	0. 0	0. 0	0. 0
2017-12-22	0. 0	0. 0	0. 0	0. 0	0. 0
2017-12-25	0. 0	0. 0	0. 0	0. 0	0. 0
2017-12-26	0. 0	0. 0	0. 0	0. 0	0. 0
2017-12-27	0. 0	0. 0	0. 0	0. 0	0. 0
2017-12-28	0. 0	0. 0	0. 0	0. 0	0. 0
2017-12-29	0. 0	0. 0	0. 0	0. 0	0. 0

[244 rows × 5 columns], ´period_5´:

date	1	2	3	4	5
2017-01-03	NaN	NaN	NaN	NaN	NaN

2017-01-04	NaN	NaN	NaN	NaN	NaN
2017-01-05	NaN	NaN	NaN	NaN	NaN
2017-01-06	NaN	NaN	NaN	NaN	NaN
2017-01-09	NaN	NaN	NaN	NaN	NaN
2017-01-10	0.0	0.0	0.0	0.0	0.0
2017-01-11	0.0	0.0	0.0	0.0	0.0
2017-01-12	0.0	0.0	0.0	0.0	0.0
2017-01-13	0.0	0.0	0.0	0.0	0.0

……………………………………………………………………………………….

2017-12-19	0.0	0.0	0.0	0.0	0.0
2017-12-20	0.0	0.0	0.0	0.0	0.0
2017-12-21	0.0	0.0	0.0	0.0	0.0
2017-12-22	0.0	0.0	0.0	0.0	0.0
2017-12-25	0.0	0.0	0.0	0.0	0.0
2017-12-26	0.0	0.0	0.0	0.0	0.0
2017-12-27	0.0	0.0	0.0	0.0	0.0
2017-12-28	0.0	0.0	0.0	0.0	0.0
2017-12-29	0.0	0.0	0.0	0.0	0.0

[244 rows × 5 columns], ′period_20′:

	1	2	3	4	5
date					
2017-01-03	NaN	NaN	NaN	NaN	NaN
2017-01-04	NaN	NaN	NaN	NaN	NaN

2017-01-05	NaN	NaN	NaN	NaN	NaN
2017-01-06	NaN	NaN	NaN	NaN	NaN
2017-01-09	NaN	NaN	NaN	NaN	NaN
2017-01-10	NaN	NaN	NaN	NaN	NaN

……………………………………………………………………………………

2017-12-22	0.000000	0.000000	0.000000	0.000000	0.000000
2017-12-25	0.000000	0.000000	0.000000	0.000000	0.000000
2017-12-26	0.000000	0.000000	0.000000	0.000000	0.000000
2017-12-27	0.000000	0.000000	0.000000	0.000000	0.000000
2017-12-28	0.000000	0.000000	0.000000	0.000000	0.000000
2017-12-29	0.000000	0.000000	0.000000	0.000000	0.000000

[244 rows × 5 columns]}

```
# 根据调仓周期确定滞后期的每天计算因子自相关性
far.calc_autocorrelation(rank=True)
```

	period_1	period_5	period_20
date			
2017-01-03	NaN	NaN	NaN
2017-01-04	1.000000	NaN	NaN
2017-01-05	1.000000	NaN	NaN
2017-01-06	1.000000	NaN	NaN
2017-01-09	1.000000	NaN	NaN

2017-01-10	1.000000	1.000000	NaN
2017-01-11	1.000000	1.000000	NaN
2017-01-12	1.000000	1.000000	NaN
2017-01-13	1.000000	1.000000	NaN
2017-01-16	1.000000	1.000000	NaN
2017-01-17	1.000000	1.000000	NaN
……			
2017-12-25	1.000000	1.000000	1.000000
2017-12-26	1.000000	1.000000	1.000000
2017-12-27	1.000000	1.000000	1.000000
2017-12-28	1.000000	1.000000	1.000000
2017-12-29	1.000000	1.000000	1.000000

244 rows × 3 columns

四、实验任务及要求

通过前期所学构建的因子进行换手率分析。

实验八 单因子策略

一、实验目标与要求

1. 通过实验理解单因子策略原理。
2. 通过该实验的学习掌握单因子策略的编写。

三、实验案例

```
# 导入函数库
from jqdata import *
from jqfactor import *
import datetime as dt
import pandas as pd

#===========================================
初始化部分=========================================
==
# 初始化函数,设定基准等
def initialize(context):

    #用户自定义设置部分
```

```
'''
更改字段名称即可,模板支持以下因子
1. 聚宽基础财务因子库
2. 聚宽因子库数据
3. 自定义因子(需将 g.factor 设置为'diy',并重写 calc_factor 函数,设置自定义因子,注意返回的数据格式)

'''
g.factor = 'pb_ratio' #进行因子名称设置
g.num = 20 #设置持仓股票个数
g.asc = 0   #从大到小排序
g.recip = 1#是否取倒数(指标值越小越好,且有负值的指标可以取倒数处理)
g.index = '000905.XSHG' #设置策略股票池

### 股票相关设定 ###
# 股票类每笔交易时的手续费是:买入时佣金万分之三,卖出时佣金万分之三加千分之一印花税, 每笔交易佣金最低扣 5 元
set_order_cost(OrderCost(close_tax=0.001, open_commission=0.0003, close_commission=0.0003, min_commission=5), type='stock')

# 设定沪深 300 作为基准
set_benchmark(g.index)
# 开启动态复权模式(真实价格)
set_option('use_real_price', True)
# 过滤掉 order 系列 API 产生的比 error 级别低的 log
log.set_level('order', 'error')

g.trade = 1 #因子获取是否正常
```

```
## 运行函数(reference_security 为运行时间的参考标的;传入的标的只做种类区分,因此传入'000300.XSHG'或'510300.XSHG'是一样的)
    # 开盘前运行
run_monthly(before_market_open,1, time='before_open', reference_security='000300.XSHG')
    # 开盘时运行
run_monthly(market_open,1, time='open', reference_security='000300.XSHG')
    # 收盘后运行

#=============================================================循环部分==============================================================
## 开盘前运行函数
def before_market_open(context):

    #进行股票过滤
    pool = get_index_stocks(g.index,context.current_dt) #获取沪深300股票池
    #pool = list(get_all_securities(['stock'],date=context.previous_date).index)#全市场股票
    all_data = get_current_data()
    pool = [stock for stock in pool if not all_data[stock].paused] #剔除停牌
    pool = [stock for stock in pool if not all_data[stock].is_st] #剔除停牌
    pool = fun_delNewShare(context,pool,365) #进行新股剔除

    #进行因子选股
    g.tobuy_list = get_stock_pool(context,pool)

## 开盘时运行函数
def market_open(context):
```

```
        #获取总资金,计算平均分仓每只股票分配到的资金
        total_value = (context.portfolio.total_value) * 1.0 # 获取总资产,因为环境是 py-
thon2,乘以 1.0 变化为浮点数

        value = total_value / max(len(g.tobuy_list),1) # 平均分配资金

        #调仓,先卖出不在调仓中的股票
        for stock in context.portfolio.long_positions:
            if stock not in g.tobuy_list:
                order_target_value(stock, 0)

        #调仓,再进行选中的股票买卖调整
        for stock in g.tobuy_list:
            if stock not in context.portfolio.long_positions.keys():
                order_target_value(stock, value) # 调整标的持仓资金为平均分配资金

    #========================================
获取因子数据部分========================================

    #用户自定义因子(示例)
    def calc_factor(context,pool):
        '''
        用户自定义因子,要求返回一个 DataFrame,index 为股票 code,value 为因子值,
columns 固定为 g.factor
        '''
        # 设置股票池
        stocks = pool
        # 获取当前时间
```

```
    now  =  context.current_dt
    # 获取数据
    data_panel = get_price(stocks, count = 5, end_date=now, fields=['close'],fq='post')
    # 处理数据,获得股票的 5 天涨幅
    far = data_panel['close'].iloc[-1]/data_panel['close'].iloc[0]-1
    far = pd.DataFrame(far,index=far.index,columns=[g.factor])
    return far

#获取因子数据
def get_factor_data(context,pool):

    #获取基础财务指标数据
    #更改基础表字段
    all_data = get_fundamentals(query(valuation, balance, cash_flow, income, indicator),date=context.previous_date)
    factor_name1 = list(get_all_factors()['factor'].values)
    factor_name2 = list(all_data.columns)

    if g.factor in factor_name1:
        #获取单因子数据,这里我们默认选取聚宽因子库提供的 roe_ttm
        factor_data = get_factor_values(pool, [g.factor], end_date = context.previous_date, count = 1)[g.factor].T
        factor_data.columns = [g.factor]

    elif g.factor in factor_name2:
        all_data.index = all_data['code'].values
        factor_data = all_data.loc[pool,['code',g.factor]]
        del factor_data['code']
```

```
        elif g.factor == 'diy':
            factor_data = calc_factor(context,pool)

        else:
            print('{}因子无效,聚宽因子库与聚宽基础财务因子库中没有该因子'.
format(g.factor))
            factor_data = pd.DataFrame()
            g.trade = 0
            return factor_data

        #是否进行取倒数处理
        if g.recip == 1:
            factor_data[g.factor] = 1/factor_data[g.factor]
        return factor_data

    #进行因子选股
    def get_stock_pool(context,pool):

        #获取因子数据
        factor_data = get_factor_data(context,pool)
        #因子筛选是否正常
        if g.trade == 0:
            return []

        #处理数据
        #factor_data1 = winsorize_med(factor_data, scale = 3, inf2nan = False, axis =
0) #去极值,中位数方法
        factor_data.fillna(factor_data.mean(skipna = True), inplace = True) #缺失值平
```

均数填充

factor_data = standardlize(factor_data, axis = 0)#标准化处理

#factor_data = neutralize(factor_data, how = ['sw_l1'], date = context.previous_date, axis = 0)#行业中性化处理

factor_data = neutralize(factor_data, how = ['sw_l1','market_cap'], date = context.previous_date, axis = 0)#行业、市值中性化处理

#按选定方式排序

df = factor_data.sort_values(g.factor,ascending=g.asc) #按照 roe_ttm 从大到小进行排序

print(df.head(5))

return df.index[:g.num]

#==工具函数部分==

#剔除全部股票池中新股

def fun_delNewShare(context, equity, deltaday):

deltaDate = context.current_dt.date() - dt.timedelta(deltaday) #获取指定日期前的日期

tmpList = [ ]

for stock in equity:

if get_security_info(stock).start_date < deltaDate:

tmpList.append(stock)

return tmpList

实验操作结果如图 6-44 所示。

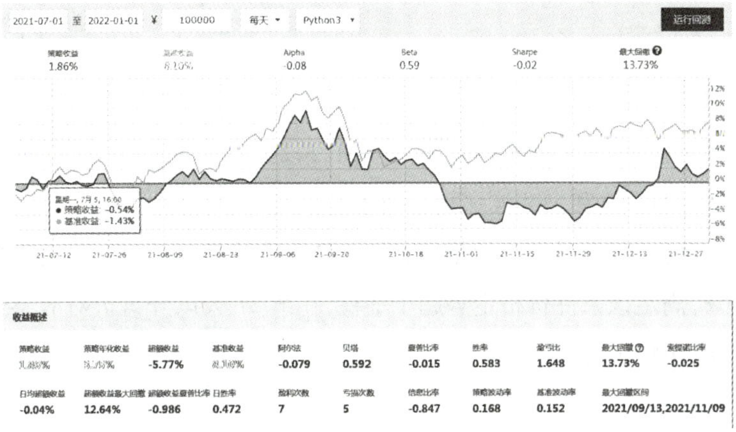

图 6-44 实验操作结果(13)

四、实验任务及要求

1. 从基础因子中获取利润率作为分析因子。
2. 进行数据清洗与因子基础分析。
3. 利用单因子交易策略原理构建策略进行回测。

实验九 “小商品城”股票因子策略

一、实验目标与要求

1. 通过实验理解低估价值选股原理。
2. 通过该实验的学习掌握线性回归在策略中的运用。

二、实验相关知识

斐波那契数列大部分人都耳熟能详,就是 1,1,2,3,5,8,13,21,34…,除第一、二两项外,每一项都是前两项之和。斐波那契数列在实际交易中有较为广泛的运用。

获取“小商品城”股票的历史价格,对过去 20 个交易日的价格走势进行判断,每天涨跌幅不超过 5%,满足该条件价格走势趋于平稳,在第 21 天以开盘价对股票进行买入,当未来涨幅达到或跌幅达到 15%时卖出。

三、实验案例

策略一:

```
from jqdata import *
from sklearn.preprocessing import StandardScaler
import numpy as np
from sklearn.linear_model import LinearRegression
# 初始化函数,设定基准等
def initialize(context):
# 设定沪深 300 作为基准
    set_benchmark('000300.XSHG')
# 开启动态复权模式(真实价格)
    set_option('use_real_price', True)

### 股票相关设定 ###
# 股票类每笔交易时的手续费是:买入时佣金万分之三,卖出时佣金万分之三加千分之一印花税, 每笔交易佣金最低扣 5 块钱
    set_order_cost(OrderCost(close_tax=0.001, open_commission=0.0003, close_commission=0.0003, min_commission=5), type='stock')
# 运行函数
```

```
# 开盘前运行
    run_daily(market_open, time='before_open')
# 交易日计时器
    g.days = 0
# 调仓频率
    g.refresh_rate = 5
# 开盘时或每分钟开始时运行

def mad(factor):
# 找出因子的中位数
    me = np.median(factor)
# 得到每个因子与中位数的绝对偏差值
    abs_mad = abs(factor-me)
# 得到绝对偏差值的中位数
    mad = np.median(abs_mad)

# 求出 3 倍中位数的上下限
    up = me+ (3 * 1.4826 * mad)
    down =  me- (3 * 1.4826 * mad)

    factor = np.where(factor>up,up,factor)
    factor = np.where(factor<down,down,factor)
    return factor
def linear():
# 查询股票代码,市净率,市值
    q = query(
        valuation.code,
        valuation.pb_ratio,
        valuation.market_cap
        )
```

```
# 获取财务数据
    fund = get_fundamentals(q)
# 数据标准化
    ss = StandardScaler()
# 将市净率去极值
    fund["pb_ratio"] = mad(fund["pb_ratio"])
# 将市净率转化为二维数组
    X = np.array(fund["pb_ratio"]).reshape(-1,1)
# 数据标准化
    fund["pb_ratio"] = ss.fit_transform(X)
# 将市净率转化为二维数组,线性回归的 y
    y =np.array( fund["pb_ratio"]).reshape(-1,1)
# 将市值转化为二维数组,线性回归的 x
    x = np.array(fund["market_cap"]).reshape(-1,1)
# 创建线性回归对象
    lr = LinearRegression()
# 训练回归模型
    lr.fit(x,y)
# 线性回归预测值
    pre_y = lr.predict(x)
# 将偏差数据替换原有的市净率
    fund["pb_ratio"] = y - pre_y
    new_fund = fund.sort_values(by="market_cap",axis=0)
    new_fund.dropna(inplace=True)
    return new_fund


## 开盘时运行函数
def market_open(context):
# fund = get_fund(context)
```

```
# 5 天为一个交易日
    if g.days%g.refresh_rate = = 0:
# 获取股票代码
        new_fund = linear( )
# 将获取的股票代码转化为列表
        stock_list = new_fund[ "code" ][ :10].tolist( )
# 判断当前仓位是否持有股票
        if len( list( context.portfolio.positions.keys( ) ) )! =0:
# 遍历当前仓位的股票
            for stock in list( context.portfolio.positions.keys( ) ):
# 将股票卖出
                order_target_value( stock,0)
# 判断持有的股票是否小于等于 5
        if len( context.portfolio.positions) <=5:
            Num = 5 - len( context.portfolio.positions)
# 每只的股票的买入资金
            Cash = context.portfolio.cash/Num
        else:
            Cash = 0
        for stock in stock_list:
            # 买入股票
            order_value( stock,Cash)
        g.days=1
    else:
        g.days+=1
```

实验操作结果如图 6-45 所示。

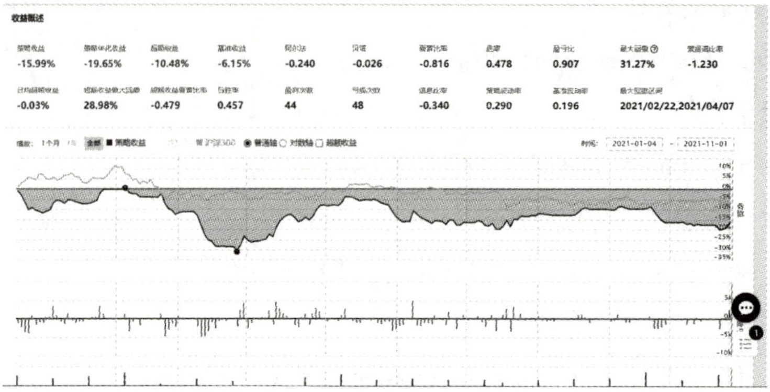

图 6-45　实验操作结果(14)

策略二:

对中证白酒指数成分股的市盈率(0~50)、换手率(0~10)进行筛选,筛选出符合条件的股票,获取该股票过去一个月的最低价格,当市场价格在最低价格的上下 5%时,对股票进行买入,当涨跌幅达到 20%时卖出。

```
# 导入函数库
from jqdata import *


# 初始化函数,设定基准等
def initialize(context):
# 设定中证白酒指数作为基准
    set_benchmark('399997.XSHE')
# 开启动态复权模式(真实价格)
    set_option('use_real_price', True)
# 设定成交量比例
    set_option('order_volume_ratio', 0.8)
# 股票类每笔交易时的手续费是:买入时佣金万分之三,卖出时佣金万分之三加千分之一印花税, 每笔交易佣金最低扣 5 元
    set_order_cost(OrderCost(close_tax=0.001, open_commission=0.0003, close_commission=0.0003, min_commission=5), type='stock')
```

```
    g.stocknum= 1
    g.days = 1
    g.refresh_rate = 3
    run_daily(market_open, time='before_open')

def check_stocks(context):
    if get_index_stocks('399997.XSHE'):
        q = query(
                valuation.code,
                valuation.turnover_ratio,
                valuation.pe_ratio
            ).filter(
                valuation.turnover_ratio.between(0,10),
                valuation.pe_ratio.between(0,50)
            ).order_by(
                valuation.pe_ratio.asc()
            )
#筛选满足条件的股票组成列表F
        df = get_fundamentals(q)
        F = list(df['code'])

        return F[:g.stocknum]

    else:
        g.days += 1

## 开盘时运行函数
def market_open(context):
#获取列表的第一只股票进行交易
```

```
        F = check_stocks(context)
        if len(F)==0:
            print(1)
        else:
            a = F.pop(0)
    # 获取股票的收盘价
            close_data = get_bars(security=a, count=30, unit='1d', fields=['close'])
    # 取得过去三十天的最低价格
            low = close_data['close'].min()
    # 取得上一时间点价格
            current_price = close_data['close'][-1]
    # 取得当前的现金
            cash = context.portfolio.available_cash
    # 如果上一时间点价格小于最低价的5%或大于最低价的5%，则全仓买入
            if (current_price < 1.05 * low or current_price > 0.95 * low ) and (cash > 0):
    # 用所有 cash 买入股票
                order_value(a, cash)
    #当前价格为买入价格的120%或80%时,则卖出当前持有的股票
                if current_price > 1.2 * low or current_price < 0.8 * low :
                    for stock in list(context.portfolio.positions.keys()):
                        order_target_value(stock, 0)
            else:
                g.days += 1

    ## 收盘后运行函数
    def after_market_close(context):
        log.info(str('函数运行时间(after_market_close):'+str(context.current_dt.time
())))
    #得到当天所有成交记录
```

```
        trades = get_trades()
        for _trade in trades.values():
            log.info('成交记录:'+str(_trade))
        log.info('一天结束')
log.info('########################################################################')
```

实验操作结果如图 6-46 所示。

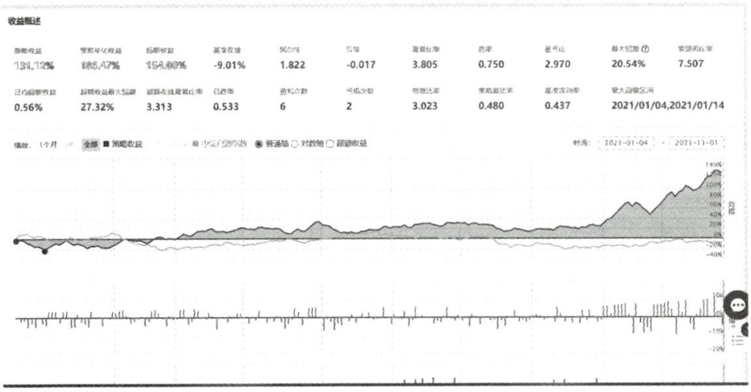

图 6-46 实验操作结果(15)

四、实验任务及要求

利用案例相关知识,编写交易策略。

(1)应使用因子交易的思想原理。

(2)应使用线性回归的方法构建模型。

实验十 多因子策略 Fama-French 三因子

一、实验目标与要求

1. 通过实验理解多因子策略 Fama-French 三因子原理。
2. 通过该实验的学习掌握多因子策略的编写。

二、实验相关知识

(一)Fama-French 三因子模型概述

看到 CAPM 模型,大家有没有想过,为什么有的股票有正的超额收益,有的股票的超额收益却是负的?是不是市场风险不能够完全解释个股的超额收益?

是的。

Fama 和 French 这两个人研究股票超额收益率的时候发现了一个神奇的现象:有两类股票的历史平均收益率一般会高于 CAPM 模型所预测的收益率。它们是小公司股票、具有较高股权账面-市值比的股票。Fama 和 French 认为:①市值比较小的公司通常规模比较小,公司相对而言没那么稳定,因此风险较大,需要获得更高的收益来补偿;②账面市值比就是账面的所有者权益除以市值(下以简称 B/M)。B/M 较高则说明市场上对公司的估值比公司自己的估值更低。这些公司一般都是销售状况或者盈利能力不是十分好的公司,因此相对于低 B/M 的公司来说需要更高的收益来补偿。

这个三因子模型的本质就是把 CAPM 模型中的 α(未被解释的超额收益)分解掉,将其分解成市值因素、B/M 因素和其他未被解释的因素(可以看成是新的 α),可以用如下公式表达：

$$R_i = a_i + b_iR_M + s_iE(\mathrm{SMB}) + h_iE(\mathrm{HML}) + \varepsilon_i$$
$$R_i = a_i + b_iR_M + s_iE(\mathrm{SMB}) + h_iE(\mathrm{HML}) + \varepsilon_i$$
$$R_i = a_i + b_iR_M + s_iE(\mathrm{SMB}) + h_iE(\mathrm{HML}) + \varepsilon_i$$

其中 $R_i = E(r_i - r_f)R_i = E(r_i - r_f)R_i = E(r_i - r_f)$，指股票 i 比起无风险投资的期望超额收益率。$R_M = E(r_M - r_f)R_M = E(r_M - r_f)R_M = E(r_M - r_f)$，为市场相对无风险投资的期望超额收益率，$E$(SMB)是小市值公司相对大市值公司股票的期望超额收益率，E(HML)则是高 B/M 公司股票比起低 B/M 的公司股票的期望超额收益率，而 ε_i 是回归残差项。

(二)对 Fama-French 三因子模型的理解

上面这个三因子模型和 CAPM 模型在表达式上面的区别就是多了几个回归的自变量。因此，打眼一看，不少的人可能会觉得这个模型只是为传统多因子模型提供了两个因子(市值、B/M)而已，然后用传统的因子打分、回归等方法进行选股。然而实际上却并不是这样。

上面这种理解也可以用来建模，但它并不是 Fama 和 French 原本想表达的。那么他们究竟想说什么呢？我们再仔细看一下三因子模型的表达式：

$$R_i = a_i + b_iR_M + s_iE(\mathrm{SMB}) + h_iE(\mathrm{HML}) + \varepsilon_i$$
$$R_i = a_i + b_iR_M + s_iE(\mathrm{SMB}) + h_iE(\mathrm{HML}) + \varepsilon_i$$
$$R_i = a_i + b_iR_M + s_iE(\mathrm{SMB}) + h_iE(\mathrm{HML}) + \varepsilon_i$$

Ri 和 RM 是什么，前文刚介绍过。但这个 E(SMB)怎么理解呢？Fama 把市场里面的所有股票按市值排序，然后等分成三份：第一份是大市值股票(市值在所有股票中最大的 1/3)，第二份是中市值股票，第三份是小市值股票(市值在所有股票中最小的 1/3)。记大市值股票的平均期望收益率为 $E(r_S)E(r_S)E(r_S)$，小市值股票的期望收益率为 $E(r_B)E(r_B)E(r_B)$。那么 $E(\mathrm{SMB}) = E(r_S) - E(r_B)E(\mathrm{SMB}) = E(r_S) - E(r_B)E(\mathrm{SMB}) = E(r_S) - E(r_B)$。$E$(HML)的定义也类似。

三因子模型的贡献，在于发现了股票的期望收益不仅仅与市场的系统风险有关，还和市值风险和账面市值比风险有关。市值和 B/M 这一类因子是对市场整体进行衡量的，而不是对个股的衡量。

对于市场的衡量,我们也可以用多元线性回归的方法来估计。三因子模型的表达式中 $a_i, b_i, s_i, h_i a_i, b_i, s_i, h_i a_i, b_i, s_i, h_i$ 都是回归系数,b_i 描述的是股票本身的市场方面风险的大小,s_i 描述的是股票本身的市值方面风险的大小,h_i 描述的是股票本身的账面市值比方面风险的大小。

(三)用 Fama-French 三因子模型套利法选股

举一个具体应用的例子:

我们再看一眼三因子模型的表达式:

$$R_i = a_i + b_i R_M + s_i E(\mathrm{SMB}) + h_i E(\mathrm{HML}) + \varepsilon_i$$
$$R_i = a_i + b_i R_M + s_i E(\mathrm{SMB}) + h_i E(\mathrm{HML}) + \varepsilon_i$$
$$R_i = a_i + b_i R_M + s_i E(\mathrm{SMB}) + h_i E(\mathrm{HML}) + \varepsilon_i$$

如果默认三因子模型是正确的,而且市场风险、市值风险、账面市值比风险能很好地解释个股的超额收益,a_i 的长期均值应该是 0。那么,如果对于某个时期的股票,回归得到 $a_i<0a_i<0a_i<0$,说明这段时间收益率偏低(因此股价也偏低),而根据有效市场假设,今天的偏离在未来是要涨回来的。

所以我们的选股思路非常简单:

先设定一个调仓频率,每 $T=10$ 天调仓一次。

设定一个样本长度 $S=63$ 天。

然后在调仓日对于过去 S 天的数据进行回归分析,计算出每只股票在过去的 S 天里面的 α 观测值,

然后买入 α 最小的 $N(N=10)$ 只股票即可。

以上参数皆可调整。

三、实验案例

#三/五因子模型选股

```
# 2006-01-01 到 2016-06-28，￥2000000，每天

import statsmodels.api as sm
from statsmodels import regression
import numpy as np
import pandas as pd
import time
from datetime import date
from jqdata import *


'''
=======================================================================================
总体回测前
=======================================================================================
'''
#总体回测前要做的事情
def initialize(context):
    set_params()          #1 设置策参数
    set_variables()       #2 设置中间变量
    set_backtest()        #3 设置回测条件

#1
#设置策参数
def set_params():
    g.tc=15      # 调仓频率
    g.yb=63      # 样本长度
```

```
        g.N=15      # 持仓数目
        g.NoF=3     # 三因子模型还是五因子模型

    #2
    #设置中间变量
    def set_variables():
        g.t=0                    #记录连续回测天数
        g.rf=0.04                #无风险利率
        g.if_trade=False         #当天是否交易

        #将2005-01-04至今所有交易日弄成列表输出
        today=date.today()       #取当日时间xxxx-xx-xx
        a=get_all_trade_days() #取所有交易日:[datetime.date(2005, 1, 4)到 datetime.
date(2016, 12, 30)]
        g.ATD=['']*len(a)        #获得len(a)维的单位向量
        for i in range(0,len(a)):
            g.ATD[i]=a[i].isoformat() #转换所有交易日为iso格式:2005-01-04到
2016-12-30
            #列表会取到2016-12-30,现在需要将大于今天的列表全部砍掉
            if today<=a[i]:
                break
        g.ATD=g.ATD[:i]          #iso格式的交易日:2005-01-04至今

    #3
    #设置回测条件
    def set_backtest():
        set_option('use_real_price', True) #用真实价格交易
        log.set_level('order', 'error')
        set_slippage(FixedSlippage(0))     #将滑点设置为0
```

```
'''
===========================================================================
每天开盘前
===========================================================================
'''
#每天开盘前要做的事情
def before_trading_start(context):
    if g.t%g.tc==0:
        #每 g.tc 天,交易一次行
        g.if_trade=True
        # 设置手续费与手续费
        set_slip_fee(context)
        # 设置可行股票池:获得当前开盘的沪深 300 股票池并剔除当前或者计算样本期间停牌的股票
        g.all_stocks = set_feasible_stocks(get_index_stocks('000300.XSHG'),g.yb,context)
    g.t+=1

#4 根据不同的时间段设置滑点与手续费
def set_slip_fee(context):
    # 将滑点设置为 0
    set_slippage(FixedSlippage(0))
    # 根据不同的时间段设置手续费
```

```
        dt=context.current_dt
        log.info(type(context.current_dt))

        if dt>datetime.datetime(2013,1, 1):
            set_commission(PerTrade(buy_cost=0.0003, sell_cost=0.0013, min_cost=
5))

        elif dt>datetime.datetime(2011,1, 1):
            set_commission(PerTrade(buy_cost=0.001, sell_cost=0.002, min_cost=
5))

        elif dt>datetime.datetime(2009,1, 1):
            set_commission(PerTrade(buy_cost=0.002, sell_cost=0.003, min_cost=
5))

        else:
            set_commission(PerTrade(buy_cost=0.003, sell_cost=0.004, min_cost=
5))


    #5
    # 设置可行股票池
    # 过滤掉当日停牌的股票,且筛选出前 days 天未停牌股票
    # 输入:stock_list-list 类型,样本天数 days-int 类型,context(见 API)
    # 输出:颗星股票池-list 类型
    def set_feasible_stocks(stock_list,days,context):
        # 得到是否停牌信息的 dataframe,停牌的为 1,未停牌的为 0
        suspened_info_df = get_price(list(stock_list), start_date=context.current_dt, end
_date=context.current_dt, frequency='daily', fields='paused')['paused'].T
```

```
        # 过滤停牌股票 返回 dataframe
        unsuspened_index = suspened_info_df.iloc[:,0]<1
        # 得到当日未停牌股票的代码 list:
        unsuspened_stocks = suspened_info_df[unsuspened_index].index
        # 进一步,筛选出前 days 天未曾停牌的股票 list:
        feasible_stocks=[]
        current_data=get_current_data()
        for stock in unsuspened_stocks:
            if sum(attribute_history(stock, days, unit='1d',fields=('paused'),skip_paused=False))[0]==0:
                feasible_stocks.append(stock)
        return feasible_stocks



    '''
    ==================================================================================
    每天交易时
    ==================================================================================
    '''

    #每天交易时要做的事情
    def handle_data(context, data):
        if g.if_trade==True:
            # 获得调仓日的日期字符串
            todayStr=str(context.current_dt)[0:10]#去掉时分秒,保留年月日
```

```
        # 计算每只股票的 ai
        ais=FF(g.all_stocks,getDay(todayStr,-g.yb),getDay(todayStr,-1),g.rf)
        # 为每个持仓股票分配资金
        g.everyStock=context.portfolio.portfolio_value/g.N
        # 依打分排序,当前需要持仓的股票
        try:
            stock_sort=ais.sort('score')['code']
        except AttributeError:
            stock_sort=ais.sort_values('score')['code']
        order_stock_sell(context,data,stock_sort)
        order_stock_buy(context,data,stock_sort)
    g.if_trade=False


#6
#获得卖出信号,并执行卖出操作
#输入:context, data,已排序股票列表 stock_sort-list 类型
#输出:none
def order_stock_sell(context,data,stock_sort):
    # 对于不需要持仓的股票,全仓卖出
    for stock in context.portfolio.positions:
        #除去排名前 g.N 个股票(选股!)
        if stock not in stock_sort[:g.N]:
            stock_sell = stock
            order_target_value(stock_sell, 0)


#7
#获得买入信号,并执行买入操作
```

```
#输入:context, data,已排序股票列表 stock_sort-list 类型
#输出:none
def order_stock_buy(context,data,stock_sort):
    # 对于需要持仓的股票,按分配到的份额买入
    for stock in stock_sort:
        stock_buy = stock
        order_target_value(stock_buy, g.everyStock)


#8
#按照 Fama-French 规则计算 k 个参数并且回归,计算出股票的 alpha 并且输出
#输入:stocks-list 类型; begin,end 为"yyyy-mm-dd"类型字符串,rf 为无风险收益率
-double 类型
#输出:最后的打分-dataframe 类型
def FF (stocks,begin,end,rf):
    LoS=len(stocks)
    #查询三因子/五因子的语句
    q = query(
        valuation.code,
        valuation.market_cap,
        (balance.total_owner_equities/valuation.market_cap/100000000.0).label("
BTM"),
        indicator.roe,
        balance.total_assets.label("Inv")
    ).filter(
        valuation.code.in_(stocks)
    )

    df = get_fundamentals(q,begin)
```

```
#计算五因子再投资率的时候需要跟一年前的数据做比较,所以单独取出计算
ldf=get_fundamentals(q,getDay(begin,-252))
# 若前一年的数据不存在,则暂且认为 Inv=0
if len(ldf)==0:
    ldf=df
df["Inv"]=np.log(df["Inv"]/ldf["Inv"])


# 选出特征股票组合
try:
    S=df.sort('market_cap')['code'][:LoS/3]
    B=df.sort('market_cap')['code'][LoS-LoS/3:]
    L=df.sort('BTM')['code'][:LoS/3]
    H=df.sort('BTM')['code'][LoS-LoS/3:]
    W=df.sort('roe')['code'][:LoS/3]
    R=df.sort('roe')['code'][LoS-LoS/3:]
    C=df.sort('Inv')['code'][:LoS/3]
    A=df.sort('Inv')['code'][LoS-LoS/3:]
except AttributeError:
    S=df.sort_values('market_cap')['code'][:int(LoS/3)]
    B=df.sort_values('market_cap')['code'][LoS-int(LoS/3):]
    L=df.sort_values('BTM')['code'][:int(LoS/3)]
    H=df.sort_values('BTM')['code'][LoS-int(LoS/3):]
    W=df.sort_values('roe')['code'][:int(LoS/3)]
    R=df.sort_values('roe')['code'][LoS-int(LoS/3):]
    C=df.sort_values('Inv')['code'][:int(LoS/3)]
    A=df.sort_values('Inv')['code'][LoS-int(LoS/3):]
```

```
# 获得样本期间的股票价格并计算日收益率
df2 = get_price(stocks,begin,end,'1d')
df3=df2['close'][:]
df4=np.diff(np.log(df3),axis=0)+0*df3[1:]
#求因子的值
SMB=sum(df4[S].T)/len(S)-sum(df4[B].T)/len(B)
HMI=sum(df4[H].T)/len(H)-sum(df4[L].T)/len(L)
RMW=sum(df4[R].T)/len(R)-sum(df4[W].T)/len(W)
CMA=sum(df4[C].T)/len(C)-sum(df4[A].T)/len(A)

#用沪深 300 作为大盘基准
dp=get_price('000300.XSHG',begin,end,'1d')['close']
RM=diff(np.log(dp))-rf/252

#将因子们计算好并且放好
X = pd.DataFrame({"RM":RM,"SMB":SMB,"HMI":HMI,"RMW":RMW,
"CMA":CMA})
#取前 g.NoF 个因子为策略因子
factor_flag=["RM","SMB","HMI","RMW","CMA"][:g.NoF]
print (factor_flag)
X=X[factor_flag]

# 对样本数据进行线性回归并计算 ai
t_scores=[0.0]*LoS
for i in range(LoS):
    t_stock=stocks[i]
    sample=pd.DataFrame()
    t_r=linreg(X,df4[t_stock]-rf/252,len(factor_flag))
    t_scores[i]=t_r[0]
```

```
    #这个 scores 就是 alpha
    scores=pd.DataFrame({'code':stocks,'score':t_scores})
    return scores


#9
# 辅助线性回归的函数
# 输入:X:回归自变量 Y:回归因变量,完美支持 list,array,DataFrame 三种数据类型
# columns:X 有多少列,整数输入,不输入默认是 3()
# 输出:参数估计结果-list 类型
def linreg(X,Y,columns=3):
    X=sm.add_constant(array(X))
    Y=array(Y)
    if len(Y)>1:
        results = regression.linear_model.OLS(Y, X).fit()
        return results.params
    else:
        return [float("nan")] * (columns+1)


#10
# 日期计算之获得某个日期之前或者之后 dt 个交易日的日期
# 输入:precent-当前日期-字符串(如 2016-01-01)
# dt-整数,如果要获得之前的日期,写负数,获得之后的日期,写正数
# 输出:字符串(如 2016-01-01)
def getDay(precent,dt):
    for i in range(0,len(g.ATD)):
        if precent<=g.ATD[i]:
            t_temp = i
            if t_temp+dt>=0:
```

```
            return g.ATD[t_temp+dt]#present 偏移 dt 天后的日期
        else:
            t = datetime.datetime.strptime(g.ATD[0],'%Y-%m-%d') + datetime.timedelta(days = dt)
            t_str=datetime.datetime.strftime(t,'%Y-%m-%d')
            return t_str

'''
=============================================================================================
每天收盘后
=============================================================================================
'''
#每天收盘后要做的事情
def after_trading_end(context):
    return
# 进行长运算(本模型中不需要)
```

四、实验任务及要求

利用案例相关知识,编写交易策略。

(1)自选两个或两个以上基础因子。

(2)构建自定义因子。

(3)通过回测,分析因子选择的好坏。

笔 · 记 · 用 · 纸

笔 · 记 · 用 · 纸

笔 · 记 · 用 · 纸

笔 · 记 · 用 · 纸

笔 · 记 · 用 · 纸

笔 · 记 · 用 · 纸

笔 · 记 · 用 · 纸

笔 · 记 · 用 · 纸

笔·记·用·纸

笔 · 记 · 用 · 纸